Neuronas en crecimiento

Neuronas en crecimiento

Consejos de una neuropediatra para acompañar el desarrollo de tu hijo

María José Mas Salguero

VERGARA

Papel certificado por el Forest Stewardship Council®

MIXTO
Papel
FSC® C117695

Penguin
Random House
Grupo Editorial

Primera edición: mayo de 2026

Printed in Spain - Impreso en España

ISBN: 978-84-10467-36-1
Depósito legal: B-8.458-2026

Compuesto en Llibresimes, S. L.

Impreso en Gráficas 94, S. L.
Sant Quirze del Vallès (Barcelona)

VE 6 7 3 6 1

Con gratitud,
a los padres que me han mostrado la importancia
del entorno en el desarrollo de sus hijos.
Con esperanza, de que en estas páginas
otros encuentren orientación.

Índice

Entorno II

Construir el mundo. Del recién nacido a los tres años. Etapa de la autonomía motora

Entorno III
El cerebro social. De los tres a los seis años. Etapa del lenguaje

Preámbulo

Piensa en quién eres tú, en lo que te define. Mucho de lo que ahora eres o sientes depende de tus experiencias previas, no sólo de las que recuerdas, sino también de las que te han contado, las que están en la memoria de quienes te vieron crecer, te corrigieron y te alentaron. En tus circunstancias también estás tú.

Seguro que lo has pensado alguna vez, ¿cómo sería yo...? Si hubiera nacido hace un siglo. Si tuviera otra religión o viviera con más o menos comodidades. ¿Sería la misma persona si mis padres me hubieran concebido en otro momento? Sí, lo sé, suena a filosofía, pero no te has equivocado, este libro trata de neurociencia. En concreto sobre el neurodesarrollo, de sus oportunidades, de cómo y cuánto influye el entorno.

El cerebro humano actual parece ser muy similar al de los primeros *Homo sapiens* de hace unos doscientos mil años. Nómadas que recorrían el mundo por sus propios medios, a pie, y que sólo contaban con piedras y palos para asistir al trabajo de sus manos. Limitados por una tecnología tosca y primitiva, aquellos hombres y mujeres imaginaron cómo hacer su vida más fácil, cómo transformar su entorno para aprovecharlo en su propio beneficio. Y lo consiguieron inventando nuevas técnicas, normas y valores que forjaron las primeras culturas humanas. Nosotros, los *Homo sapiens* del siglo XXI, somos el fruto de esta doble herencia biológica y cultural.

Nuestra esperanza de vida se ha alargado hasta edades que no hace tanto ni nos atrevíamos a soñar. Casi todos llegamos a conocer a nuestros abuelos, incluso bisabuelos, pero esto no siempre fue así. La ciencia y las artes han alcanzado tal grado de desarrollo que las enseñanzas de la escuela no bastan para comprenderlas. El saber científico nos ha dotado de herramientas inimaginables hace sólo unas décadas. Por ejemplo, los cambios en la manera de comunicarnos sucedidos durante el último medio siglo son espectaculares. Algunos hemos vivido lo suficiente para recordar qué era una conferencia telefónica, un telegrama o una carta con sobre aéreo y sello postal de un país lejano. La tecnología que hemos creado es tan cotidiana que ni siquiera nos asombra todo lo que debería. El futuro nos alcanza y a veces nos sobrepasa con un frenesí que desconcierta. La comunicación inmediata, en la palma de la mano, nos aleja del contacto más corporal; el acceso a la información se confunde con el conocimiento y suele resultar difícil discernir quién o cuál es la fuente veraz.

Entre tanto ruido digital, importa volver a la cercanía de la experiencia personal, a la comprensión de la conducta del niño desde la relación directa y entendiéndola como el resultado de lo que sucede en su cerebro mientras crece.

Quizá te interese saber qué hacer para facilitar el progreso de tu hijo, de tu alumno, de un niño al que amas y tiene una vida (un cerebro) por estrenar. Y eso pasa por conocer mejor su neurodesarrollo.

Introducción

CEREBRO Y APRENDIZAJE

Aprender es inherente al cerebro, cuya función consiste en adaptarse para sobrevivir. El aprendizaje se inicia durante la propia construcción del sistema nervioso, en un proceso que no depende únicamente de los mecanismos biológicos que rigen su crecimiento, ya que el entorno, en un sentido amplio y cotidiano, participa desde el principio. Lo que el niño vive durante su desarrollo moldea la arquitectura cerebral y se integra en su historia. La comprensión de este proceso posibilita reconocer las oportunidades que ofrece cada momento de la infancia y el papel que desempeñan los adultos.

El cerebro: el órgano principal del sistema nervioso

El cerebro es el órgano que hace posible que vivamos en movimiento. Sólo los seres capaces de desplazarse lo necesitan, ya que gracias al cerebro pueden reconocer los cambios del entorno y responder de la forma más adecuada para sobrevivir a cada situación. En esencia, el cerebro es el gran intérprete del mundo y el sistema nervioso, su escenario. Se trata de una red de células especializadas —las neuronas y las células que las apoyan— que se valen de impulsos eléctricos para transmitir la información a una velocidad asombrosa.

Este entramado nervioso permite al organismo captar lo que sucede, tanto en el exterior como en su interior, analizarlo y actuar en consecuencia. De manera que podemos decir que la conducta, cada acción que observamos, es el resultado visible de la actividad del sistema nervioso y está condicionada por las características propias de su especie. En el *Homo sapiens* los órganos de los sentidos recogen determinados fragmentos de una realidad que es mucho más rica y compleja: el ojo percibe únicamente una estrecha franja del espectro luminoso, el oído determinadas vibraciones del aire, la piel nota la presión o el calor, la lengua y la nariz ciertas sustancias químicas. Todo lo demás queda fuera de nuestro alcance. Así, la forma en que conocemos el mundo está limitada por cómo lo sentimos, y nuestra respuesta a los cambios supereditada a las capacidades intrínsecas a lo humano: una visión en tres dimensiones, la marcha bípeda, una gran precisión manual, el lenguaje hablado, la memoria y las emociones.

La complejidad, por tanto, es máxima y exige un sistema nervioso muy bien estructurado. Sus órganos principales —cerebro, cerebelo, tronco encefálico y médula— están protegidos por hueso y forman el sistema nervioso central. De aquí parten los nervios, que se extienden sin protección ósea y en su conjunto constituyen el sistema nervioso periférico. Esos nervios conectan el centro con cada rincón del organismo para que funcione correctamente, tejiendo una red por la que la información circula sin cesar. Sensaciones y movimiento recorren nuestro cuerpo, a veces nos damos cuenta y otras no.

Pero esta división anatómica, tan útil como didáctica, es artificial, pues en realidad todo trabaja en conjunto; lo consciente y lo inconsciente, lo voluntario y lo automático se entrelazan en una armonía que hace posible la vida.

Con la idea de comprender mejor toda esta actividad, podemos asignar cada una de las acciones del *Homo sapiens* a la combinación de tres categorías primarias: tareas motoras, cognoscitivas o sociales. Para que la actividad resultante sea organizada y coherente, el cerebro gestiona sin descanso todas estas acciones como el órgano director que integra la actividad corporal y la orienta hacia su propósito principal: la adaptación al entorno para sobrevivir.[1]

Adaptarse equivale a aprender. Cada vez que ajustamos nuestra conducta a una nueva situación dejamos una huella en nuestra experiencia que podremos usar más adelante si nos encontramos en una circunstancia parecida. Así es como logramos sobrevivir: cambiando, recordando y volviendo a intentarlo. El aprendizaje constituye el modo principal de adaptación de los seres vivos.

Plasticidad cerebral: aprender y recordar

El aprendizaje no es sólo un proceso mental, supone también una transformación física. Cada vivencia que cambia lo que

1. En neurociencia, integrar significa coordinar y unificar la información procedente de distintos niveles del sistema nervioso —sensorial, motor, cognitivo o emocional— para construir una respuesta coherente, flexible y adaptada al contexto. Para ello, las redes implicadas necesitan estar conectadas y sincronizadas, de modo que lo vivido adquiera sentido y continuidad.

pensamos o cómo actuamos imprime su sello en la arquitectura del cerebro. Cuando las neuronas reciben estímulos similares una y otra vez, modifican su forma y sus conexiones, se ramifican y se fortalecen. Este fenómeno, que se denomina «plasticidad cerebral», es la base de nuestra capacidad para aprender y recordar.

Aprender es cambiar y recordar es conservar ese cambio. La memoria guarda la experiencia y da continuidad a la identidad. Sin memoria no hay aprendizaje, como tampoco hay recuerdo sin experiencia. Dependen el uno de la otra y ambos de la plasticidad, de la capacidad del sistema nervioso de reorganizarse tras cada vivencia.

Pero no toda memoria es igual. La memoria a corto plazo vive en el instante, es veloz, frágil, casi etérea. Guarda apenas unos pocos datos durante unos segundos, lo justo para manejar lo inmediato el tiempo suficiente para decidir qué hacer con ello. Como cuando necesitamos recordar el número de la lotería mientras comprobamos si ha sido premiado. Si en ese momento se desvía la atención —una llamada, un pensamiento fugaz—, el número desaparece y habrá que volver a mirar el billete. Es una memoria vulnerable que se borra con facilidad, si la información no se repite, se esfuma. Pero si jugamos el mismo número una y otra vez acabamos aprendiéndolo de memoria porque la repetición fortalece las conexiones neuronales que albergan la información hasta que la fijan y pasa a formar parte de la memoria a largo plazo. Esta es una memoria persistente, estable y resistente a las interrupciones, que guarda mucha información durante mucho tiempo, como los hechos del pasado, los lugares conocidos, la lengua que hablamos, los gestos aprendidos o los conocimientos culturales y técnicos necesarios para desenvolvernos en el día a día. Da continuidad a la historia personal, nos mantiene siendo nosotros.

Aprender significa tender un puente entre ambas memorias. Lo efímero se convierte en duradero cuando se repite y deja su trazo en el cerebro, se consolida. Evocar un recuerdo es reafirmarlo, recorrer de nuevo el camino que lo creó, pero en cada recreación habrá variables imaginadas que en cierta manera lo modifican. Esa inexactitud constituye la esencia del pensamiento humano.

Memoria: lo que somos

Hay recuerdos que se activan solos, sin buscarlos, y basta un olor, un sabor, una melodía para que aparezcan. El aroma de unas castañas asadas puede devolvernos a un noviembre lejano y el sabor de un guiso evocar la voz de la abuela. También hay acciones que se vuelven automáticas y así, por ejemplo, nadar, montar en bicicleta o conducir un coche se ejecutan de forma mecánica una vez aprendidas. Este tipo de aprendizaje sensorio-motor que extrae de la memoria rutinas inconscientes, difíciles de explicar con palabras, se conoce como aprendizaje, memoria o recuerdos implícitos, y sirve para hacer cosas.

En cambio, hay otros recuerdos que requieren una atención consciente. Sólo de manera deliberada recordamos la fecha del descubrimiento de América o la capital de Islandia —memoria semántica— o revivimos la Navidad de 2020 —memoria episódica—. A este modo de recordar se lo llama también «memoria declarativa» porque puede expresarse con palabras o por escrito, pero difícilmente con gestos. Sirve para saber cosas.

La memoria implícita es fiel, rígida y duradera, la forma más antigua de aprendizaje que también está presente en otros animales. Se asienta en las regiones del sistema nervioso central que procesan la información sensorial, motora y emocional —la corteza cerebral, el núcleo estriado, el cerebelo y la amígdala—. Se adquiere de forma progresiva y mejora con la práctica. Es útil en la situación concreta para la que se aprendió, por ejemplo, golpear una pelota con una raqueta no requiere las mismas habilidades que lanzarla a una canasta.

Sin embargo, la memoria explícita no necesita tantas repeticiones y se aplica a contextos distintos al del aprendizaje original. Es más evolucionada, flexible y adaptable. Depende de regiones cerebrales más especializadas en la memoria —el sistema del hipocampo— y se basa en la información distribuida por amplias regiones del cerebro.

Ambos tipos de memoria cooperan constantemente, pues lo que comienza siendo explícito —como aprender a hablar, a escribir o a caminar— se convierte con la práctica en un acto implícito, automático. A la inversa, la experiencia sensorial o emocional, almacenada sin palabras, puede transformarse en relato cuando la evocamos conscientemente. Aprendemos y recordamos con todo el cerebro, con sus circuitos emocionales, motores, sensoriales y cognitivos trabajando al unísono.

En la infancia este baile entre lo consciente y lo inconsciente es especialmente visible. El niño que aprende a andar se concentra en cada paso, calcula, corrige, se cae y se levanta, hasta que, de pronto, camina sin pensar. El habla, la pinza manual o el control de los esfínteres siguen el mismo camino de la atención al hábito, del esfuerzo al automatismo. El aprendizaje consciente se transforma en sabiduría corporal, en rutina eficaz.

Así funciona el cerebro humano, un órgano que cambia con cada experiencia, que se adapta a la novedad y guarda lo que le sirve. En su interior, la vida se escribe una y otra vez a través de conexiones eléctricas y químicas que dan forma a la memoria. Somos, literalmente, lo que recordamos y, al mismo tiempo, lo que aún podemos aprender.

Cada aprendizaje nuevo modifica lo anterior, lo reordena, amplía o corrige, porque la memoria no es un archivo cerrado, sino una construcción en movimiento. Cada evocación es una reescritura, cada recuerdo una versión nueva de lo vivido. Por eso el cerebro nunca deja de aprender, porque nunca deja de cambiar.

Aprender, recordar, olvidar, volver a aprender... Esa es la esencia de la plasticidad cerebral, la razón por la que seguimos creciendo incluso cuando ya somos adultos. Nuestro cerebro, siempre inacabado, mantiene abierto su diálogo con el entorno y con la experiencia. En cada uno de nosotros, ese diálogo es único y constituye un relato biológico y personal tejido con millones de sinapsis.

Y así, mientras seguimos aprendiendo, el cerebro cumple su propósito más profundo: adaptarse para sobrevivir... y para comprender.

Neurodesarrollo: construir el cerebro

Cada ser humano comparte con los demás las mismas bases biológicas, pero no hay dos personas iguales. La información genética es la propia de las características de la especie —bipedismo, pinza manual, habla, etc.—, pero es particular para cada uno. Determina sus rasgos físicos —altura, composición corporal, color de ojos, pelo, etc.— y de personalidad —actitud, temperamento, estilo de comunicación, forma de relacionarse, intereses, etc.—, así como el ritmo al que se desarrollan. La herencia nos marca, sí, aunque la manera en que esa información se despliega es siempre personal y está muy influida por el entorno en el que se crece.

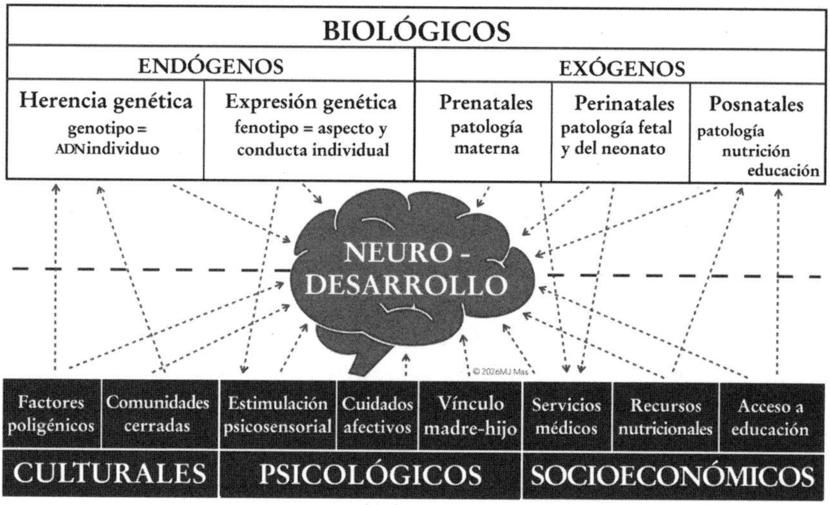

Figura 1. Factores biológicos y ambientales que influyen en el neurodesarrollo y la relación entre ellos. Ilustración original de la autora basada en el libro de N. Fejerman, *Neurología Pediátrica*, Buenos Aires, Editorial Panamericana, 2007, p. 212, fig. 24.1. © 2026 MJ Mas Salguero.

Llamamos «neurodesarrollo» al proceso de crecimiento y progresiva puesta en marcha de las funciones del sistema nervioso. Empieza muy pronto, alrededor de la tercera semana de gestación, y no concluye hasta bien entrada la segunda década de la vida, cuando el individuo alcanza su plena autonomía.

Sigue un orden predecible, sin importar si un niño crece en Europa occidental o en Asia Menor. Así, las primeras funciones que aparecen son las más elementales —moverse, hablar, controlar los esfínteres— y sobre ellas se construyen otras más complejas, como el lenguaje elaborado, la memoria o el pensamiento racional. Esto ocurre porque el cerebro madura de abajo arriba y de atrás hacia delante. Primero se organizan las regiones más profundas, involucradas en las tareas más primarias, y después las más superiores, las que gobiernan la planificación, la reflexión y el juicio. Sin embargo, no basta con el programa genético y la secuencia que sigue. El cerebro necesita ponerse a prueba, a través de la experiencia y el entorno, para activar su potencial. Sin práctica no hay aprendizaje y sin aprendizaje el cerebro no se construye. Así, la biología determina las capacidades, pero es el entorno el que ofrece las oportunidades para desplegarlas. Separar genética de ambiente es imposible, ambos se entrelazan a cada instante. Aunque el viaje esté planificado, el resultado es siempre una aventura.

Este recorrido tiene momentos especialmente sensibles, las llamadas «ventanas de oportunidad» o «periodos críticos», durante los cuales el cerebro está en su mejor disposición para adquirir una función concreta. Si no se aprovechan, si en ese plazo el sistema nervioso no recibe los estímulos adecuados, después será mucho más difícil desarrollar esa capacidad.

Cada persona es, pues, el resultado único de la interacción entre su genética, su entorno y la plasticidad de su sistema nervioso. La manera de andar, el idioma, el acento o las costumbres que aprendemos son la huella de esa interacción constante, sobre todo en la infancia, cuando las conexiones neuronales se multiplican y se consolidan.

Una vez que el neurodesarrollo se ha completado, las habilidades motoras, cognitivas y sociales se estabilizan, aunque el cerebro continúa cambiando porque la plasticidad no desaparece, sólo se atenúa. Aprender de adulto exige más esfuerzo, pero sigue siendo posible. Podríamos decir que existen dos grandes periodos de plasticidad: el inicial, que permite adquirir las capacidades básicas de nuestra especie, y el posterior, más ligado a la experiencia y al aprendizaje cultural.

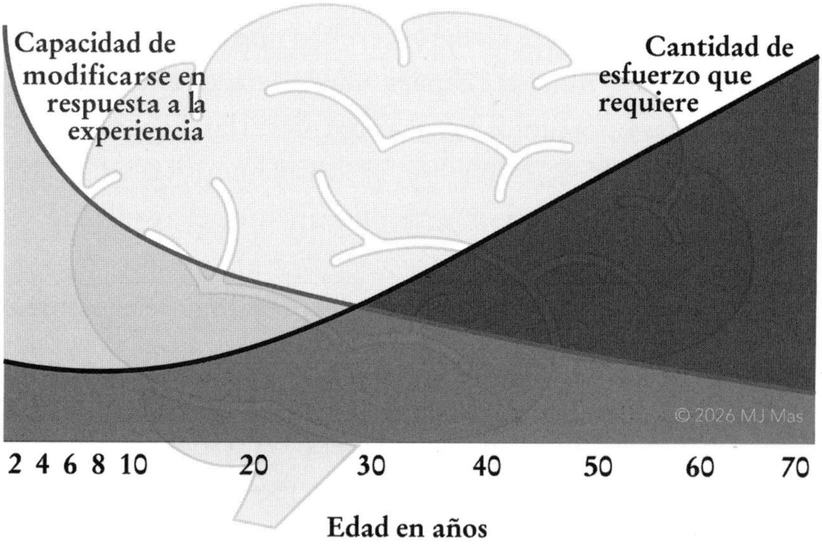

Figura 2. Evolución de la plasticidad cerebral con la edad. Adaptado de Pat Levitt, Center on the Developing Child de la Universidad de Harvard, 2009, <https://developingchild.harvard.edu/key-concept/brain-architecture/>.

Aprendemos durante toda la vida, pero no de la misma manera. El cerebro de un bebé no aprende igual que el de un adolescente o un adulto, porque sus estructuras, su funcionamiento, sus intereses y su entorno son distintos. Cada etapa ofrece sus propias posibilidades, y el individuo actúa en función de lo que su cerebro puede hacer en esa fase.

Entonces, no hay que entender el neurodesarrollo como un trámite por el que pasa el sistema nervioso «inmaduro» para llegar a la vida adulta, sino considerarlo como lo que es: un continuo de estadios dinámicos en los que los cambios del entorno exigen al individuo que responda con las habilidades con las que cuenta en cada circunstancia con el fin de sobrevivir.

Como las características biológicas del sistema nervioso varían y son diferentes en los distintos periodos del neurodesarrollo, las conductas adaptativas serán también diferentes. Por eso, la forma de aprender depende de la fase del neurodesarrollo. En otras palabras: en un momento dado, cada uno hace lo que puede con lo que tiene.

Para entender mejor por qué aprendemos de manera diferente según la edad, vamos a dividir el neurodesarrollo en etapas, una forma didáctica de simplificar un proceso muy complejo.[2]

Esta división se basa en los procesos biológicos de formación y maduración que predominan en cada época del neurodesarrollo, que se reflejan en la conducta observable de la persona. Cada etapa recibe su nombre por el logro más im-

2. Se trata de una propuesta personal de la autora que está basada en el conocimiento actual de la neurociencia del neurodesarrollo, pero creada con fines divulgativos.

portante que se alcanza al final de ella. Sin embargo, ese nuevo aprendizaje no queda cerrado, sino que sigue puliéndose y perfeccionándose en los periodos siguientes, al compás de las nuevas capacidades que van apareciendo.

Así, el aprendizaje y el neurodesarrollo se entrelazan, y ambos nos acompañan, de manera distinta pero constante, a lo largo de toda la existencia.

La primera de estas etapas sucede durante la vida intraútero, desde la concepción hasta el nacimiento. La he llamado «etapa anatómica» porque en ella se constituyen y se ponen en marcha los órganos del sistema nervioso. Se crean las células nerviosas y se organizan en estructuras que van acoplándose y sincronizando su todavía rudimentario funcionamiento. Para que la génesis del sistema nervioso sea exitosa, el entorno ofrece una protección extrema y escasas exigencias, sin cambios bruscos en sus condiciones. Al nacer, el niño está plenamente adaptado a ese ambiente de calma en el que todo se le daba hecho.

Tras el nacimiento, el sistema nervioso experimenta un crecimiento acelerado durante el que se formarán los circuitos fundamentales para los primeros aprendizajes, que serán sensoriales y motores. Hacia los tres años, el niño ya habrá adquirido la autonomía que le permite caminar, manipular objetos y hablar. El nombre que resulta más apropiado es el de «etapa motora». Al controlar su postura y movimientos el niño gana la independencia que le posibilita explorar el entorno y, así, es el movimiento el que guía su proceso mental, lo que da forma a su pensamiento.

A través del movimiento empieza a articular sonidos y descubre que con ellos puede nombrar personas, cosas y acciones. Al aparecer el lenguaje, la representación mental del mundo ya no está limitada a lo corporal, a lo tangible, y su razonamiento se convierte en un proceso mucho más flexible que amplía su conocimiento del mundo más allá del aquí y del ahora. Es la «etapa del lenguaje», que aproximadamente abarca de los tres a los diez años.

Los cambios corporales de la adolescencia suponen también una transformación sustancial del funcionamiento cerebral y de la manera de pensar. De la lógica operativa que ofrece el lenguaje surge un pensamiento mucho más complejo, que analiza y cuestiona todo lo aprendido. Esta etapa se caracteriza por la definición de la identidad personal, que se va forjando a medida que se toman decisiones vitales, y suele concluir pasada la veintena.

Estas cuatro etapas —anatómica, motora, del lenguaje y de la identidad— permiten explicar mejor los procesos biológicos y conductuales que destacan en cada momento del neurodesarrollo. No obstante, las edades que se indican varían mucho de un niño a otro y deben tomarse siempre como una referencia, no como una frontera fija.

Conocer los procesos biológicos que subyacen a la conducta infantil conlleva asomarse a una comprensión más profunda de cómo es y cómo funciona la mente infantil. Un pensamiento en el que la corporeidad, la literalidad, la fantasía, la lógica o el análisis se entremezclan y difieren de los del adulto, que, a menudo, tiene que pararse para recordar que también un día fue un niño.

TIPOS DE APRENDIZAJE EN RELACIÓN A LAS ETAPAS DEL NEURODESARROLLO

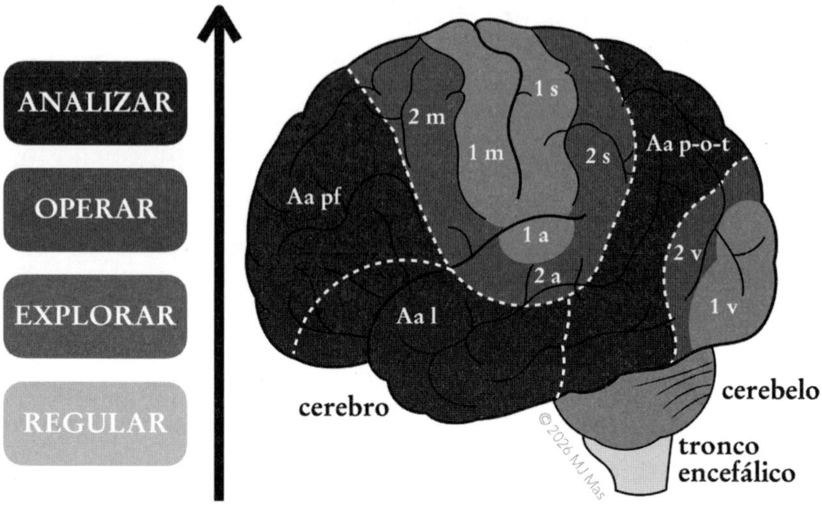

Figura 3. Tipos de aprendizaje y progresiva integración cortical durante el neurodesarrollo. El aprendizaje infantil se organiza en relación con la maduración funcional de la corteza cerebral. En las etapas iniciales predomina un aprendizaje regulatorio, apoyado en el tronco encefálico, en el cerebelo y en las áreas primarias —motora (1m), somatosensorial (1s), auditiva (1a) y visual (1v)—, orientado a la estabilización de las funciones corporales. Con la activación de las áreas secundarias motoras (2m), somatosensorioales (2s), auditivas (2a) y visuales (2v), el aprendizaje se vuelve exploratorio, basado en la acción, la percepción y la anticipación de sus efectos. A medida que se consolidan las áreas de asociación —parieto-occipito-temporales (Aa p-o-t), límbicas (Aa l) y prefrontales (Aapf)— el aprendizaje adquiere un carácter operativo, al integrar emoción, memoria, lenguaje y acción. Finalmente, el desarrollo progresivo de las redes prefrontales permite un aprendizaje analítico, centrado en la reflexión, la planificación y la comprensión compartida de la experiencia. Ilustración original de la autora adaptada del modelo de áreas funcionales de la corteza cerebral descrito por A. C. Guyton y J. E. Hall: «Organization of the cerebral cortex and intellectual functions of the brain», en: *Guyton and Hall Textbook of Medical Physiology*, Filadelfia, Elsevier, 2021, pp. 651-662. © 2026 MJ Mas Salguero.

ENTORNO I

Comienza la vida.

De la gestación al nacimiento

Etapa anatómica

La vida humana no comienza con el primer latido. Mucho antes de cualquier intención, acción o gesto, su biología ya se organiza con gran precisión al son de las continuas señales que recibe de su entorno: el útero materno. El sistema nervioso, el cerebro, se va construyendo en un diálogo ininterrumpido con ese primer ambiente en el que está inmerso.

En esta etapa inicial, el neurodesarrollo avanza gracias a la estabilidad que proporciona el cuerpo de la mujer, y para desplegar su arquitectura básica el sistema nervioso necesita tiempo, continuidad y condiciones favorables. Cada proceso encuentra su lugar cuando el medio acompaña sin perturbar y permite que la secuencia biológica siga su curso sin sobresaltos.

Pero para que este inicio de la vida suceda de la manera más favorable, debe prepararse con antelación todo lo que lo precede y lo hace posible. La salud de los progenitores y el contexto en el que se concibe y se espera a un hijo dejarán huella en la génesis neuronal. Antes de nacer, el cerebro ya está recibiendo información sobre el mundo al que llegará.

Durante la gestación, aparece una primera regulación de los ritmos corporales del feto, cuyo aprendizaje continuará tras el nacimiento. El entorno juega aquí un papel preventivo, ya que amortigua riesgos, preserva el equilibrio y permite que el cerebro se construya sin interrupciones.

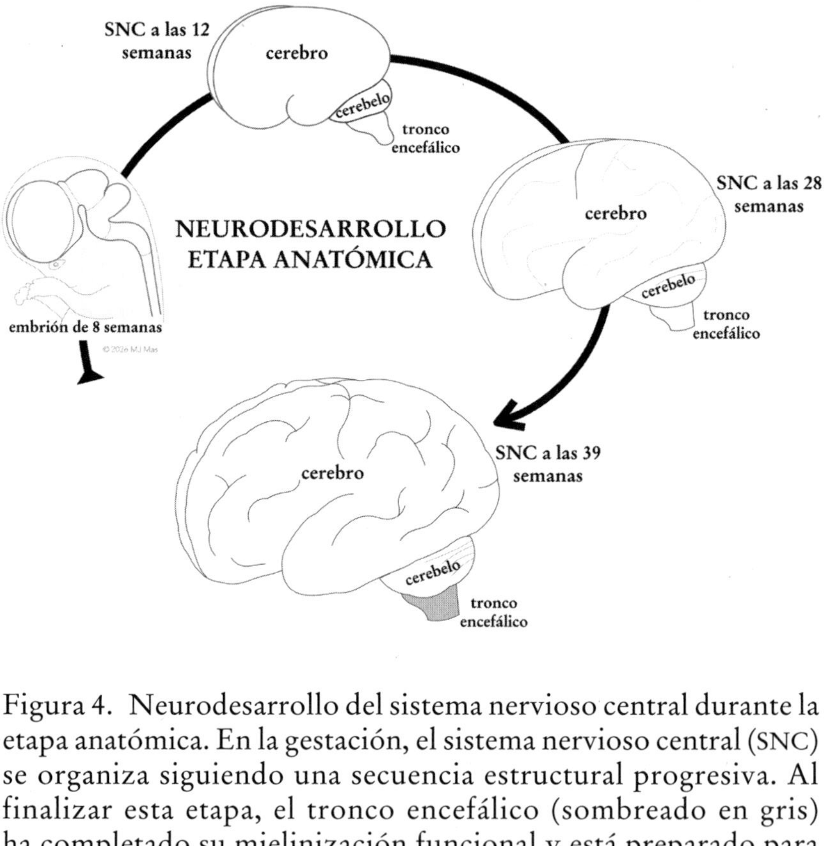

Figura 4. Neurodesarrollo del sistema nervioso central durante la etapa anatómica. En la gestación, el sistema nervioso central (SNC) se organiza siguiendo una secuencia estructural progresiva. Al finalizar esta etapa, el tronco encefálico (sombreado en gris) ha completado su mielinización funcional y está preparado para ejercer las funciones regulatorias necesarias para la vida extraútero, mientras el cerebro y el cerebelo continúan su desarrollo tras el nacimiento. Ilustración original de la autora. © 2026 MJ Mas Salguero.

1

El entorno invisible

Dentro del útero hay tranquilidad, pero no reposo. Un líquido tibio que mece, un pulso que marca el compás, una voz que vuelve una y otra vez. El paisaje originario de cualquier cerebro es un ritmo, una composición de patrones del cuerpo materno que marcan los aprendizajes iniciales —latido-pausa, inspiración-espiración, calma-sobresalto—. En ese pequeño universo acuático se fragua la asombrosa estructura que más tarde nos permitirá reconocer el mundo.

El uterino constituye un ambiente de nutrientes, hormonas, sonidos atenuados y caricias químicas al que responde cada célula del sistema nervioso en gestación. Ningún entorno es neutro, tampoco el prenatal. Aquí surgen las primeras oportunidades, preferencias y reacciones. Sí, en efecto, desde el inicio de la gestación, e incluso antes, el entorno se puede modificar para cuidar que el neurodesarrollo suceda en las mejores condiciones posibles.

Los orígenes del cuidado

Una mujer embarazada se acercó a un filósofo.

—Maestro, ¿cuándo debo empezar a amar a mi hijo?

—Ya llegas tarde —contestó el sabio, sin ni siquiera reparar en que la mujer estaba encinta.

Puede parecer un reproche, aunque para mí es más bien un consejo. Esta historia popular, sin autoría reconocida, ha llegado de boca en boca hasta nuestros días porque la intuición de que el amor y los cuidados influyen en el desarrollo del feto ha estado ahí siempre. La crianza se inicia mucho antes del día del parto.

La medicina prenatal surge como disciplina autónoma en el siglo xx, aunque sus raíces se remontan a las observaciones de médicos y anatomistas que, desde la Antigüedad, intentaron comprender el desarrollo del feto y el curso del embarazo. Durante siglos, el cuidado de la gestante se basó en la moderación, la dieta y el reposo como garantías de equilibrio y buen parto. En cada época de la historia, a estos cuidados básicos se añaden otros nuevos, gracias al progreso de la ciencia. El estudio anatómico del útero y de la placenta durante el Renacimiento, junto a las investigaciones del feto y la introducción del fórceps en los siglos xvii y xviii, abrieron el camino a la obstetricia científica. En el xix se desarrolla la higiene y el conocimiento de los procesos corporales, y los importantes avances del xx —la ecografía, la genética y la endocrinología— ponen de relieve la influencia del entorno materno en el desarrollo fetal.

Hoy sabemos mucho más sobre la gestación, y sus cuidados se abordan de manera más global, con una visión integradora y preventiva. Conocemos mejor la importancia del entorno social, los riesgos químicos y la influencia de la exposición ambiental, así como los beneficios de las vacunas en el embarazo o que la placenta es un órgano endocrino activo. También hemos avanzado en la precisión diagnóstica y terapéutica fetal y en la ética de la toma de decisiones.

El entorno que ofrece el útero es biológico, sí, pero también relacional. La evolución de las preocupaciones sobre el desarrollo fetal supone una ampliación del amor informado. Se ha pasado del «descansar y comer bien» a crear las mejores condiciones de salud para proteger un cerebro en construcción y la vida que tiene por delante. Porque cuidar durante la gestación es proteger el futuro.

Concebir con arte (y con-ciencia)

Prepararse para concebir constituye una inversión en salud, el primer regalo para quien aún no ha nacido. Y es cosa de dos, padre y madre, una corresponsabilidad que refuerza el bienestar de la pareja. Dos biologías, dos voluntades que deciden en conciencia cuidar la nueva vida desde sus cimientos.

El estado físico y emocional de los progenitores antes de la concepción influye directamente en su fertilidad, pero también en el desarrollo del embrión y del feto, y por tanto en la salud a largo plazo de su hijo. Los meses previos a la concepción son una ventana decisiva para preparar el terreno del futuro. En ese intervalo inadvertido, mientras maduran los gametos y las señales hormonales orquestan la fertilidad, resultan decisivos la alimentación, la calidad del aire que se respira, las emociones y hasta los pensamientos. Todo deja impronta en las células germinales —óvulos y espermatozoides—, produce pequeñas químicas capaces de transmitirse al nuevo ser e influir en la formación de sus órganos y circuitos cerebrales.[3]

La edad marca una diferencia decisiva en el estado físico de los futuros padres, ya que el cuerpo joven suele tener más agilidad, más fuerza, y eso es positivo tanto para su salud como para la de sus hijos. En la mujer, el tiempo tiene un peso especial, pues sus óvulos se formaron cuando era apenas un feto de veinte semanas y desde entonces la acompañan, envejecen con ella, y con los años se vuelven más frágiles, más propensos a errores en su material genético. Por eso, pasada la mitad de la treintena, aumenta el riesgo de alteraciones cromosómicas y de complicaciones durante el embarazo o el parto.[4] En el extremo opuesto, una maternidad demasiado temprana también tiene su precio, un cuerpo aún en desarrollo sosteniendo otra vida aumenta la probabilidad de un parto prematuro o de un bebé de poco tamaño.

También el tiempo pesa en el cuerpo del hombre. Aunque tras la pubertad su cuerpo genera millones de espermatozoides nuevos cada día, sus testículos no son ajenos al desgaste y con los años la calidad del semen que producen disminuye, aumenta el riesgo de mutaciones en su ADN y se hace más probable la presencia de trastornos del neurodesarrollo en su descendencia.

Sin embargo, este ideal biológico choca con la realidad demográfica. En España, la edad media de las madres primerizas ya supera los treinta y dos años. El legítimo deseo de estabilidad, el trabajo, la vivienda, los tiempos de la pareja, todo empuja a aplazar la decisión; aun así, la vida se abre camino. La

3. Se denomina «epigénetica» al conjunto de mecanismos y modificaciones heredables que regulan la expresión de los genes sin alterar la secuencia del ADN.

4. Como, por ejemplo, el síndrome de Down (trisomía 21).

mayoría de los embarazos, incluso fuera del calendario ideal, evolucionan bien cuando padre y madre llegan en buena condición física y reciben un seguimiento adecuado.

Durante décadas la atención médica se centró casi exclusivamente en la mujer, pero el conocimiento reciente muestra que la salud preconcepcional del varón es igualmente crucial. Los espermatozoides, con su frágil carga genética, son sensibles al agotamiento celular —estrés oxidativo—, al tabaco y al exceso de peso, factores que alteran la calidad del genoma paterno.

Prepararse para concebir va más allá de prevenir enfermedades, es potenciar las capacidades adaptativas del embrión, ya que la estabilidad metabólica, hormonal y emocional de los padres configura un entorno que orienta el diálogo entre gameto, placenta y embrión. El primer entorno del ser humano empieza antes de la gestación y este conocimiento redefine la responsabilidad compartida de la paternidad. Se trata de favorecer el equilibrio sin obsesionarse en buscar la perfección. Cuidar el cuerpo y el ánimo, revisar vacunas, ajustar tratamientos por enfermedades crónicas, evitar el tabaco, el alcohol y los tóxicos ambientales... Todos estos son pequeños gestos que contribuyen a un inicio sólido.

Concebir con arte es hacerlo con consciencia, es entender que la vida empieza mucho antes del primer latido, cuando dos cuerpos y dos voluntades se preparan para encontrarse.

Recomendaciones prácticas. Preparar el terreno

Es importante que los futuros padres tengan en cuenta que los hábitos saludables necesitan tiempo para asentarse, e idealmente conviene empezar a instaurarlos entre tres y seis meses antes de la concepción. Estas recomendaciones se dirigen tanto a la mujer como al hombre.

¿QUÉ HACER?	¿POR QUÉ?	¿CUÁNDO?
Revisar la salud con el médico de familia.	Para personalizar recomendaciones: revisar vacunas, suplementos —ácido fólico— y riesgos. Hay carencias, enfermedades y fármacos que afectan a la fertilidad o al embrión.	En cuanto se decida buscar el embarazo y antes de ponerse a ello.
Cuidar el peso corporal.	Tanto el bajo peso como el exceso aumentan las complicaciones en la gestación y el parto.	Entre tres y seis meses antes de concebir.
Alimentarse bien: frutas, verduras, legumbres, pescado azul y aceite de oliva. Evitar ultraprocesados.	Mejora la calidad de óvulos y espermatozoides y favorece el desarrollo embrionario.	Antes, durante y después del embarazo. Continuar durante toda la vida.
Ejercicio moderado y regular.	Aumenta la fertilidad, regula las hormonas y reduce el estrés oxidativo.	Varias veces por semana. Idealmente, para siempre.
Descanso y gestión emocional.	El estrés y la falta de sueño alteran los ritmos hormonales y dificultan la concepción.	A diario. Para siempre.

Evitar tabaco, alcohol y drogas.	Dañan el ADN germinal y aumentan el riesgo de aborto y alteraciones fetales.	Abandonarlos al menos tres meses antes de concebir. Tanto la mujer como el hombre.
Protegerse de tóxicos ambientales (pesticidas, disolventes, plásticos con ftalatos o bisfenoles).	Afectan a la fertilidad y al desarrollo embrionario.	De forma permanente.

El cerebro fetal

De pronto sucede. Un espermatozoide alcanza al óvulo y ambos se unen para formar una nueva célula, el cigoto, cuya información genética única reúne la de sus progenitores. Enseguida activa su programa embrionario, las instrucciones que guiarán su división, la especialización de sus células y la formación de órganos y sistemas. De esa sola célula, que permanece indivisa unas veinticuatro horas, se originarán los treinta y siete billones que conforman el cuerpo humano adulto, organizados en más de doscientos tipos celulares diferentes.

La rapidez con que se suceden las primeras divisiones celulares es impresionante y se evidencia en el cambio de aspecto que las acompaña. En tan sólo ocho semanas, el cúmulo inicial de células que constituye el embrión adopta una forma humana inconfundible —el feto—, con sus órganos principales ya reconocibles comenzando a funcionar.

Esta primera etapa, la etapa anatómica, es de construcción del sistema nervioso. Empieza poco después de la concepción y termina al nacimiento. En esos nueve meses el sistema nervioso se forma y madura hasta quedar preparado para la vida extrauterina. El salto es inmenso. De una sola célula emergen todas las del cuerpo. Las neuronas cerebrales configuran un entramado tan preciso como único en cada individuo. Es aquí, en el vientre materno, donde el entorno empieza a dejar su huella.

También los fenómenos que se suceden en estos nueve meses varían en cada trimestre del embarazo, de modo que la influencia del ambiente sobre el feto dependerá de las características biológicas del momento de su desarrollo. Por ejemplo, aunque dentro del útero hay sonidos, el feto no empezará a escucharlos hasta que no se formen y funcionen los oídos.

Durante el primer trimestre predomina la proliferación celular. Millones de neuronas nuevas nacen por minuto. Cada una migra hasta el destino preciso que le señala el ADN y comienza a enlazarse con otras formando una red de sinapsis por las que fluye la información.[5] Hacia la semana dieciséis ya se han generado prácticamente todas las neuronas que tendremos en la vida —sólo en el cerebro, unos ochenta y seis mil millones—, después apenas se originarán nuevas. A medida que crece, el tejido nervioso de la corteza cerebral se organiza en capas, cada una con una función específica. Las más superficiales conectan y comunican áreas de la misma corteza, las intermedias analizan la información que reciben, y las profundas envían órdenes hacia otras regiones del cerebro y del cuerpo.

Aunque el embarazo sea planeado, no puede confirmarse antes del mes de la concepción, tras la primera falta. Para entonces la proliferación, la migración y la organización celular

5. Punto de comunicación entre neuronas (o entre una neurona y otra célula) donde se transmite la información mediante señales químicas o eléctricas

del sistema nervioso central ya están en marcha. Por eso los cuidados preconcepcionales son esenciales para un ambiente gestacional sano, pues para cuando la mujer comprueba que está gestando, el cerebro del feto ya ha empezado a formarse. Nada debería interferir en estos delicados procesos, que son los cimientos para todo lo que viene después.

En el segundo trimestre, las primeras redes nerviosas comienzan a activarse a medida que los órganos de los sentidos van completando su anatomía y envían señales al cerebro, inaugurando su diálogo con el entorno uterino. El feto percibe una temperatura constante, la presión rítmica del líquido amniótico, los sabores de la dieta materna, el rumor de la voz y los latidos de la madre. Ese repertorio de estímulos compone sus primeras experiencias, que dejan una impronta profunda y temprana en los circuitos que más adelante regularán el sueño, la calma y la respuesta al estrés. En respuesta, el feto se mueve, se estira, traga líquido amniótico o se lleva la mano a la boca. Cada gesto es un ensayo, una repetición automática para ajustar su actividad al ambiente en el que crece.

En esta etapa, el aprendizaje tiene un sentido regulador, automatiza las funciones vitales y afina la coordinación entre músculos, órganos y cerebro. Mientras tanto, la corteza cerebral gana complejidad. Se multiplican sus conexiones y emiten las primeras señales eléctricas, muestra del despertar del córtex.

Como en todos los procesos del neurodesarrollo, la formación y activación de los órganos de los sentidos sigue un orden preciso y común a todas las personas. Aun así, cada una presenta variaciones propias, sutiles matices anatómicos y funcionales fruto de la interacción entre su herencia genética y los estímulos que recibe del entorno uterino.

El sentido del tacto es el más temprano en desarrollarse. Hacia la octava semana, la piel alrededor de la boca ya responde al contacto. A lo largo de la gestación, esa sensibilidad se va extendiendo por el rostro, las manos y los pies, hasta abarcar toda la superficie corporal. A medida que expande su capacidad táctil, el feto la explora —se chupa el pulgar, toca el cordón umbilical, acaricia la pared uterina, etc.—, va reconociendo su cuerpo y el medio que lo envuelve. En definitiva, el útero no es sólo un espacio de crecimiento, es un entorno táctil continuo que afina el esquema corporal fetal y regula su propio movimiento.

El siguiente que se activa es el sentido del oído. A partir del segundo trimestre, las células receptoras y las vías auditivas comienzan a transmitir señales al cerebro. Aunque el feto esté protegido por el líquido amniótico y el útero, no crece en silencio. Recibe los sonidos del cuerpo materno —latidos, flujo sanguíneo, respiración o digestión— y, amortiguado, también el ruido del exterior. Entre todos destaca una melodía particular que resuena con más claridad: la voz de su madre, una presencia envolvente que se hace familiar y orienta al feto en su propio despertar sensorial.

El gusto y el olfato también empiezan a trabajar antes del nacimiento, hacia la semana veinticuatro, y lo hacen casi al unísono. En el líquido amniótico se disuelven los compuestos químicos que conforman el olor corporal de la madre, estable y reconocible, junto a los aromas y sabores de los alimentos que consume. El feto crece inmerso en esta mezcla de estímulos que los receptores químicos de sus mucosas detectan y su cerebro aprende a identificar en sus primeras experiencias gustativas.

La visión es la última en incorporarse al repertorio sensorial, pues la retina y la corteza visual no alcanzan la madurez suficiente para responder a la luz hasta el tercer trimestre.

En este tercer trimestre predomina la consolidación de lo ya construido. Tras la intensa producción de neuronas del primer trimestre y la creación de conexiones que, en el segundo, delinearon las primeras vías sensoriales y motoras, llega ahora el tiempo de afianzar. Para ello se multiplican las células de apoyo a las neuronas —la glía—, que comienzan a envolver las prolongaciones neuronales con mielina, una sustancia protectora y aislante que facilita, acelera y afina la transmisión de la información nerviosa. Este proceso, que continuará durante años, explica el notable aumento del volumen cerebral al final del embarazo, paralelo al crecimiento del resto del cuerpo.

Como el espacio del útero se le queda pequeño, al feto no le queda otro remedio que replegarse sobre sí mismo contrayendo los músculos flexores de extremidades y tronco. Aun en esa postura encogida, reacciona a las caricias y cuando la madre presiona suavemente el abdomen, el feto se aproxima al contacto o modifica su postura. Al tocarse, al acariciar la pared uterina o al responder al roce materno, ensaya los primeros gestos de su identidad corporal.

La voz materna se convierte en el estímulo sonoro más reconocible. El oído fetal ya puede percibir su ritmo y melodía particular, a los que su cerebro responde con patrones de activación que delatan atención y familiaridad. Al escucharla, el feto modifica su ritmo cardiaco, se calma o se mueve con suavidad, como si reconociera esa vibración íntima que lo envuelve desde dentro. No distingue aún palabras, pero sí el tono afectivo que las acompaña, una cadencia que anticipa el vínculo y que será su primer anclaje emocional tras el nacimiento.

En estas últimas semanas de gestación, el feto traga y aspira el líquido amniótico impregnado de los regustos de la dieta materna. De este modo aprende las esencias que pertenecen a su hogar y ya sean dulces o amargas, se graban en su memoria para reconocerlas al nacer en el olor del pecho materno, en su leche y, más tarde, aceptar mejor los alimentos más consumidos por la madre durante su embarazo. El olfato y el gusto actúan como un hilo conductor entre la vida intrauterina y la extrauterina, y así se crea un vínculo que predispone a preferir los olores y los sabores propios del entorno familiar.

Los ojos, formados desde muy pronto, necesitan casi todo el embarazo para que su retina y las vías visuales terminen de moldearse. Al final de la gestación, el feto reacciona al resplandor rojizo que atraviesa el vientre materno y lo sigue con la mirada cuando se asemeja a un rostro, preludio de la fascinación que sentirá después por las caras humanas.

Así, en el orden en que emergen los sentidos, del tacto a la mirada, el feto va tejiendo su mapa sensorial del mundo, una memoria que lo prepara para el cúmulo de sensaciones que lo esperan desde el primer instante de vida. Su cerebro está formado, aunque aún adaptado a la vida intrauterina; su estructura está lista y su historia, a punto de comenzar.

Este aprendizaje sensorial prenatal sucede desde el inicio de nuestra especie, hace doscientos mil años. Todos hemos empezado a sentir en el seno de nuestra madre, y ella ha imaginado nuestro aspecto con cada movimiento con el que nos hacíamos notar. Un cuerpo dentro de otro, en lo más recóndito, el crecimiento de un nuevo ser humano permaneció en el territorio de las intuiciones, inaccesible a los ojos.

El eco de lo invisible

«Mientras la ciencia a descubrir no alcance las fuentes de la vida... ¡habrá poesía!», escribió Bécquer.[6] Poco podía imaginar el romántico Gustavo Adolfo lo poética que podía resultar la ciencia.[7]

A finales del siglo XIX el médico sólo contaba con su habilidad clínica para «ver» al feto. Las principales herramientas del obstetra eran la palpación del vientre grávido y la escucha del corazón fetal a través de un cilindro de madera —estetoscopio— apoyado en el abdomen materno. En 1895, con el descubrimiento de los rayos X por Wilhelm Conrad Röntgen, la obstetricia tuvo la oportunidad de ver al feto en el interior del útero y entre los años veinte y treinta del siglo pasado se extendió su uso. La radiología permitía estimar la edad gestacional, confirmar si era un embarazo gemelar o medir la relación entre la pelvis materna y la cabeza fetal para anticipar así partos difíciles. Pero enseguida llegó la decepción, ya que quedó claro que, incluso a dosis bajas, irradiar al feto suponía un alto riesgo de padecer cáncer en la infancia.

Al doctor Ian Donald, «un obstetra y ginecólogo escocés, alto, pelirrojo, carismático, de mente brillante y temperamento vivo»,[8] la palpación y el estetoscopio le parecían del todo insuficientes para distinguir los tumores abdominales de los quistes ováricos o de los embarazos. Un día de julio de 1955, tras operar a una paciente de una gran masa abdominal, tuvo

6. Gustavo Adolfo Béquer, *Rimas*, Rima IV (1871).

7. El episodio que se narra a continuación se basa en hechos históricos documentados. La escena y los diálogos han sido recreados para facilitar su comprensión y dar continuidad al relato.

8. Así lo describe Campbell en su artículo de 2013 «A Short History of Sonography in Obstetrics and Gynaecology».

que explicarle que aquello que había extirpado no era un tumor, sino un quiste ovárico benigno, y que resultaba muy difícil, si no imposible, distinguirlos antes de la cirugía. Uno era una masa sólida y el otro una cavidad con líquido en su interior.

—Ya veo —le dijo el marido de la paciente—. Es difícil anticiparse a los diagnósticos. En mi fábrica de calderas industriales utilizamos un aparato que nos permite ver defectos en el material, así evitamos muchas complicaciones.

—¿Y cómo lo consiguen?

—Se trata de un dispositivo de ultrasonidos que detecta fallos en las soldaduras. Trabajo de ingeniero en la Babcock & Wilcox Ltd., en Renfrew. Me encantaría mostrárselo.

—Será interesante —dijo Donald.

En su visita a la fábrica, el ginecólogo comprendió que aquel aparato que revelaba grietas invisibles en el acero podía servir para «ver dentro del cuerpo humano sin abrirlo». Así que pidió prestado un modelo para instalarlo en su hospital y, junto a Tom Brown, ingeniero de la empresa Kelvin & Hughes, comenzó a experimentar con tejidos animales y tumores extirpados. De ese modo descubrieron que las masas sólidas reflejaban los ecos de manera distinta a las líquidas, y que el útero grávido producía una imagen muy característica. De ese ensayo improvisado nació el primer escáner de contacto o *Diasonograph*, origen de la ecografía médica moderna.

Donald contaba que la idea había surgido de «la misma fascinación por lo invisible» y que aquel día en la fábrica fue, según sus propias palabras, «uno de esos momentos en que la curiosidad se convierte en descubrimiento».

La evolución técnica de la ecografía obstétrica ha sido espectacular y hoy en día incluso podemos ver en tres dimensiones la cara que tendrá el bebé. Pero lejos de «agotar su tesoro», sigue habiendo poesía, la que está en la ciencia y contribuye a forjar el vínculo entre la mujer, siempre hermosa en su espera, y el hijo que crece en su interior.

Mientras haya unos ojos que reflejen
los ojos que los miran,
mientras responda el labio suspirando
al labio que suspira,
mientras sentirse puedan en un beso
dos almas confundidas,
mientras exista una mujer hermosa,
¡habrá poesía!

La ciencia había aprendido a mirar, pero el misterio seguía vivo.

Recomendaciones prácticas. Preservar el equilibrio

El cuerpo materno es el primer entorno del hijo. Cada gesto, emoción y cuidado influye en su desarrollo. En consecuencia, intenta favorecer un ambiente uterino armónico.

¿QUÉ HACER?	¿POR QUÉ?	¿CUÁNDO?
Evitar cualquier sustancia tóxica y situaciones de estrés sostenido.	Para no alterar los procesos celulares iniciales, los cimientos del cerebro: si se interrumpen, todo lo posterior puede verse afectado.	Antes de concebir y durante todo el embarazo.

Acariciarse el abdomen y mantener contacto táctil.	El tacto es el primer sentido en desarrollarse; el feto nota y responde al contacto que le ayuda a consolidar su esquema corporal.	Desde la octava semana y durante toda la gestación.
Hablar, cantar, dejarse oír.	El oído madura en el segundo trimestre; la voz materna es el estímulo más reconocible y el primer anclaje emocional.	Desde el segundo trimestre.
Conservar la calma y disfrutar del sosiego.	El feto percibe los ritmos del cuerpo materno —latidos, respiración, tono afectivo— que regulan su bienestar y su respuesta al entorno.	Durante toda la gestación, especialmente en el tercer trimestre.
Disfrutar de una alimentación variada y placentera.	Los sabores y aromas de la dieta impregnan el líquido amniótico; el feto aprende a reconocerlos y después los aceptará con facilidad.	Desde el segundo trimestre hasta el final del embarazo.
Percibir y atender las propias sensaciones corporales.	El vínculo empieza en esa comunicación interna: cada gesto consciente fortalece la conexión entre madre e hijo.	Durante todo el embarazo.

2

Nacer para volver a adaptarse

Entre madre y feto existe una continuidad biológica. Esto significa que la comunicación a través de la placenta es tan íntima que, aun siendo dos organismos distintos, el feto no necesita sentir hambre o sed, pues la contigüidad circulatoria entre ambos facilita que el cuerpo materno se ocupe de todas sus necesidades. En el entorno cálido y pausado que le procura su madre, el sistema nervioso fetal descansa o se activa siguiendo sus propios ritmos internos. Ajeno a las señales de urgencia fisiológica, nada interfiere en su crecimiento.

Tras el parto, el bebé tiene que aprender a recuperar el equilibrio por sí mismo, a gestionar la incomodidad de necesidades desconocidas. La cercanía del cuerpo materno sigue siendo imprescindible, sus biologías continúan unidas, pero ahora se ve obligado a reclamar para que su madre responda.

Del agua al aire

Una calma tibia marca el paso del tiempo al feto que se está formando. Sin sobresaltos, se mece en un universo en el que todo ocurre con suavidad y moderación. Cada movimiento, cada respiración y cada emoción materna conllevan cambios sutiles que lo regulan con sus ritmos acompasados.

En esta penumbra acuática del útero, cálida y constante, el feto organiza y desarrolla su sistema nervioso, ha aprendido a desenvolverse en este entorno ideal al que está perfectamente adaptado. Al amparo de su madre, todo le llega sin esfuerzo —el oxígeno, los nutrientes, los estímulos sensoriales— y permanece protegido del bullicio exterior. Toca, traga, inspira, oye y vislumbra; se estira y se mueve tranquilo.

Poco a poco, este refugio se le queda pequeño. El espacio se estrecha, la presión aumenta, el cuerpo materno no da más de sí. Ha llegado el momento de separarse.

El potente músculo uterino se tensa al máximo y una cascada hormonal inicia las contracciones. Esto hace que el feto se desperece y empiece a apretar con su cabeza el cuello del útero, que va dilatándose para dejarle paso. Madre e hijo sincronizan sus movimientos, una impulsa, el otro se estira y retuerce —como un espeleólogo atravesando una galería—, porque el parto, como sucederá a lo largo de toda la crianza, es cosa de dos y, si uno falla, todo se complica.

Durante horas seguirán simultaneando sus esfuerzos hasta que, por fin, todo acaba con éxito.

Tras nueve meses de espera, ilusiones, alguna inquietud y un largo rato de laboriosas contracciones, madre e hijo se miran. Se reconocen al instante sin haberse visto antes, mientras alguien corta el cordón que los unía. La madre aún tiene que expulsar la placenta, pero está embelesada en esos ojos abiertos que buscan su pecho y encuentran el calor de su piel. Agotados, ambos reciben la ayuda de la potente descarga hormonal del parto. La adrenalina los mantiene alerta estos primeros momentos, tan esenciales para reconocerse, y la oxitocina actúa como la aliada silenciosa que, promoviendo calma, apego y bienestar compartido, refuerza su vínculo y provoca la salida de la leche.

Por último, el órgano del embarazo —la placenta— se despide y su expulsión marca el cierre de un proceso. Durante meses fue mucho más que un filtro: los pulmones, el intestino, los riñones, las glándulas y la primera defensa inmunológica del feto. A través de la placenta circularon el oxígeno y el dióxido de carbono, los nutrientes y los desechos; también produjo las hormonas del embarazo y del crecimiento fetal, protegió de gérmenes y transmitió los anticuerpos maternos. Ha sido el lazo más íntimo y vital entre madre e hijo y libre de ella el bebé inaugura su autonomía.

La placenta y el yodo: «El origen del pensamiento»

Hasta bien entrado el siglo xx, la placenta era un órgano enigmático para la ciencia. Se reconocía su función nutritiva y protectora, pero aún no se había descubierto su papel endocrino en la comunicación materno-fetal ni su influencia decisiva sobre el neurodesarrollo. Fue a finales de los años cincuenta, en los laboratorios del Instituto de Biología y Sueroterapia de Madrid, cuando un matrimonio de científicos españoles —Gabriella Morreale de Castro y Francisco Escobar del Rey— comenzó a seguir el rastro de un elemento casi invisible, el yodo, un mineral esencial para la síntesis de las hormonas tiroideas.

Por aquella época se asumía que la placenta actuaba como una barrera que aislaba al cerebro en formación de las hormonas maternas. Sin embargo, había un detalle que no encajaba, puesto que se sabía que la glándula tiroides del embrión no entra en funcionamiento hasta la mitad del embarazo. Fue entonces cuando Morreale y Escobar se hicieron las preguntas correctas. Si el feto carecía de función tiroidea propia, ¿cómo se estaba formando su cerebro? ¿De dónde procedían las hormonas necesarias para regular el crecimiento de sus neuronas?

Sus experimentos, precisos y meticulosos, dieron con la respuesta: las hormonas tiroideas maternas atraviesan la placenta y así dirigen los procesos de la migración neuronal,[9] la sinaptogénesis[10] y la mielinización.[11] Resultó toda una revelación, ya que se ponía de relieve que el desarrollo cerebral fetal no era tan autónomo como se creía.

El razonamiento era impecable y los hallazgos de Morreale lo confirmaban. El yodo es un elemento imprescindible para la síntesis de las hormonas tiroideas. Sin yodo no hay hormonas y sin hormonas tiroideas el cerebro fetal carece de una de las señales esenciales que guían su organización. Por tanto, la presencia de yodo constituye una condición necesaria para el desarrollo cerebral fetal y posnatal.

La consecuencia de ese hallazgo fue inmediata y trascendental. Morreale demostró que incluso déficits tan leves de yodo que no llegaban a provocar síntomas en la madre, alte-

9. Se trata del proceso por el que las neuronas recién formadas se desplazan desde el lugar donde se originan para asentarse en la posición definitiva que ocuparán en el cerebro y así cumplir su función.

10. La sinaptogénesis o creación de sinapsis es el proceso por el que las neuronas establecen conexiones entre sí para intercambiar información y formar redes funcionales.

11. Se denomina así el proceso mediante el cual las fibras nerviosas se recubren de mielina, una sustancia aislante que permite que la información viaje más rápido y de forma más eficaz por el sistema nervioso.

raban la producción de hormonas tiroideas y debido a ello podía verse afectado el desarrollo del cerebro fetal.

Morreale observó también que allí donde el déficit de yodo era importante y frecuente —las sierras del interior, los valles altos de Castilla o las montañas de León y Granada— abundaban los casos de cretinismo endémico, con niños que presentaban un grave retraso cognitivo, sordera y talla baja por falta de hormona tiroidea. Asimismo, demostró de forma decisiva que bastaba añadir yodo a la sal común para prevenir esos daños. Además, descubrió que los déficits leves, mucho más extendidos y menos sintomáticos, no eran inocuos y aunque no provocaban malformaciones evidentes, tenían un impacto negativo en la capacidad cognitiva.

Del laboratorio de Morreale y Escobar surgió también otra idea clave: el cribado neonatal del hipotiroidismo congénito. El sencillo análisis de sangre del talón, que hoy en día se practica a todos los recién nacidos, permite identificar a tiempo a los niños que no producen suficiente hormona tiroidea y tratarlos antes de que el daño cerebral sea irreversible. Gracias a esta detección precoz, miles de vidas se desarrollan con normalidad.

Aquella intuición, nacida en un laboratorio modesto, transformó el mapa cognitivo de un país entero. El descubrimiento de estos dos científicos cambió la salud pública española y mundial, y también la manera de entender la gestación. La placenta dejó de verse como un muro y pasó a concebirse como un puente químico. El embarazo se reveló como una etapa crítica de la salud neurológica.

Gabriella solía resumirlo con una frase sencilla, casi poética: «El cerebro necesita pensar desde antes de nacer, y para pensar necesita yodo».

La hora del primer encuentro

Tras el parto, todo sucede a una velocidad vertiginosa. En un instante, el recién nacido se estrena en un mundo desconocido de nuevas sensaciones y ajetreo confuso que satura sus sentidos. La luz lo deslumbra, los sonidos retumban, el aire enfría su piel húmeda. Al mismo tiempo, la urgencia por respirar llena de aire sus pulmones, que a partir de ahora oxigenarán la sangre, lo que obliga al corazón a reorganizar sus circuitos. Llora con fuerza, su primer gesto de independencia.

En medio de este caos sensorial, distingue algo conocido. La voz de su madre le llega ahora con claridad, el contacto de su piel lo devuelve al calor del útero, su pecho desprende el mismo olor del líquido que lo envolvía, y al succionar por primera vez reconoce también su sabor. Con los ojos abiertos de par en par, se encuentra con los de ella, que lo miran sonriente. De momento sólo distingue contrastes de luces y sombras, pero pronto aprenderá a reconocerlos como la cara que buscará entre todas las demás.

Todo lo que ha aprendido durante su vida intrauterina le resulta ahora indispensable para sobrevivir. Pero tendrá que adaptar sus antiguas experiencias a las nuevas exigencias de este mundo que lo acoge, que habrá de hacer suyo y que ya ha empezado a conquistar.

Así comienza el viaje. Del agua al aire, de la quietud a la acción, de la dependencia absoluta a la iniciativa propia. La vida se inaugura con un grito que es respiración y extrañeza, pero sigue en compañía de su madre.

Sobre el pecho de ella, el bebé ha calmado el llanto y tras unos primeros momentos de asombro compartido, ambos están relajados. Entonces, la emoción y el cansancio dejan paso a la incertidumbre materna. ¿Se alimentará bien? ¿Crecerá sano? ¿Sabré darle todo lo que necesita? Ya nada es imaginación, la realidad se impone.

De pronto nota cómo su hijo se activa. Con los ojos muy abiertos, el pequeño abre la boca, mueve las manos y la cabeza para avanzar hasta alcanzar el pecho. Se trata del periodo de alerta tranquila, que puede prolongarse hasta dos horas. El bebé identifica el olor de su madre y de la primera leche —calostro— que ya humedece el pezón. El contacto con un cuerpo que reconoce pone en marcha en el recién nacido los circuitos sensoriales y motores que facilitan el agarre y la succión, al tiempo que provoca en la madre la liberación de oxitocina y prolactina, hormonas que favorecen la lactancia y consolidan el vínculo.

Por eso, siempre que sea posible, conviene iniciar la lactancia en la primera hora de vida. Mientras dura, esta alerta tranquila aumenta las probabilidades de éxito y contribuye a la adaptación metabólica del bebé. Los cuidados preventivos imprescindibles pueden hacerse sin separarlo de su madre o en su proximidad inmediata.[12] Así que cualquier procedimiento no urgente debe retrasarse para no interrumpir el contacto continuo piel con piel, tan crítico en esta primera hora.

Cuando el parto es por cesárea o el bebé requiere atención urgente, el orden cambia. Primero se estabiliza al recién nacido y, en cuanto sea posible, se restablece el contacto piel con piel con la madre o, si no es posible, con el otro progenitor.

Tras una o dos horas de reconocimiento mutuo, los niveles de cortisol de madre e hijo descienden. El bebé ha conseguido

12. Nos referimos a la administración de vitamina K, la profilaxis ocular, la antropometría y la exploración física completa.

mamar, está abrigado, tranquilo, y el sueño le vence por fin. Puede dormir profundamente hasta seis horas seguidas, si bien ese reposo aparente esconde una intensa actividad interna. El sistema nervioso consolida las sensaciones vividas —olor y calor del cuerpo materno, ritmo de la voz, contacto, recogimiento— mientras continúa ajustando la temperatura, el ritmo cardiaco, la respiración y el metabolismo de la glucosa.

La madre también descansa. Aprovecha estas horas para retomar fuerzas porque, después, lo ideal es que permanezca junto a su hijo noche y día para no perderse ninguna oportunidad de observar y reconocer las necesidades del bebé —distinguir el llanto de hambre, sueño, frío o incomodidad— y aprender a responder en consecuencia —amamantar, acunar, abrigar, asearlo—. Esta es la mejor manera de disipar sus dudas y reafirmarse en sus capacidades.

La transición biológica

La intensidad de este primer encuentro entre la madre y el recién nacido es fruto de una secuencia precisa de mecanismos biológicos, hormonales y nerviosos, que se activan de forma coordinada en la madre y en su hijo para asegurar la continuidad de la vida.

La ciencia permite comprender este proceso de asombrosa sincronía que se desarrolla entre ambos cuerpos durante el parto y me parece interesante profundizar en ello.

Hacia el final del embarazo, las señales hormonales del feto estimulan la maduración de los pulmones y la producción de surfactante, el líquido que baña los alveolos pulmonares para impedir que se colapsen al llenarse de aire y permite respirar con normalidad. Al mismo tiempo, la hormona oxitocina incrementa la fuerza de las contracciones y favorece la liberación de endorfinas, mensajeros químicos del sistema nervioso que atenúan el dolor y facilitan el vínculo inmediato entre madre e hijo.

En el momento del nacimiento, el cerebro del recién nacido coordina la reorganización de todo el organismo para que la transición del medio acuático al aéreo se produzca con éxito, ya que supone un cambio fisiológico enorme que exige una precisión perfecta. Durante la vida fetal, las cavidades del corazón permanecen comunicadas para permitir el paso de la sangre hacia la placenta, donde se oxigena. Ahora, esas comunicaciones deben cerrarse para redirigir la circulación hacia los pulmones, que se expanden y comienzan a aportar oxígeno a los tejidos.[13]

A la vez, el sistema nervioso autónomo asume el control de la temperatura, la frecuencia cardiaca y la glucosa en la sangre. En cuestión de minutos, el organismo reajusta sus mecanismos de supervivencia.

La primera hora de vida constituye una etapa crítica de adaptación. El aire, la luz y los sonidos estimulan la liberación de noradrenalina, una señal química que aumenta el estado de alerta sin generar estrés. Si el entorno es cálido, predecible y contiene estímulos familiares —la voz de la madre, el contacto físico, una iluminación tenue—, el cerebro del recién nacido interpreta esas señales como referencias de orientación y seguridad.

El contacto piel con piel y la primera succión son mucho más que gestos instintivos, porque activan redes cerebrales de

13. Las comunicaciones que se cierran son el conducto arterial y el forman oval.

recompensa y autorregulación. Bajo la emoción de ese instante se despliegan respuestas biológicas complejas que ayudan a regular la temperatura, estabilizan la respiración y reducen el cortisol del recién nacido. En la madre, por su parte, la liberación de oxitocina y dopamina, otro neurotransmisor o mensajero químico, fortalece el vínculo y estimula la producción de leche. De este modo, la biología y la emoción se entrelazan y sientan las bases del apego.

El sistema nervioso del recién nacido, aunque inmaduro, posee una plasticidad extraordinaria.

Cada experiencia —el cambio de temperatura, la gravedad, el contacto— modula la actividad de sus neuronas y contribuye a la formación de nuevas conexiones. Se trata de su primera gran lección de adaptación. La vida empieza aprendiendo a ajustarse y es lo que el bebé va a hacer en los primeros meses.

Recomendaciones prácticas. Cuidar la primera transición

El nacimiento es una transición delicada. Lo que ocurre en las primeras horas influye en la estabilidad física y emocional del recién nacido, y también en el bienestar de la madre.

Un ambiente sereno, cálido y predecible ayuda al cerebro del bebé a interpretar los nuevos estímulos como señales de seguridad:

- Conviene evitar las luces intensas, los ruidos estridentes o las temperaturas fluctuantes.
- La luz tenue, los sonidos amortiguados y una temperatura agradable reducen el esfuerzo necesario para re-

gular la respiración, la frecuencia cardiaca y el calor corporal.

Todo se facilita cuando se respetan los tres principios básicos respaldados por la ciencia:

- Contacto piel con piel precoz y continuado.
- Inicio temprano de la lactancia.
- Permanencia del bebé junto a sus progenitores, integrando las intervenciones médicas a este entorno y no al margen de él.

El contacto piel con piel es la forma más natural de facilitar esa adaptación:

- Activa la producción de oxitocina en ambos cuerpos, instala la calma y fortalece el vínculo.
- No debería interrumpirse sin una razón médica justificada, pues además de un gesto afectivo es una necesidad fisiológica.
- La voz y el olor maternos completan ese ambiente de reconocimiento; escucharla y olerla orienta y reconforta al bebé, por lo que conviene evitar perfumes intensos u olores extraños que puedan interferir en este proceso.

Lo esencial es no tener prisa y dejar que madre e hijo permanezcan juntos:

- El cerebro del bebé necesita tiempo para integrar la avalancha de sensaciones nuevas.

- La madre también necesita atención y su bienestar, físico y emocional, forma parte de la salud del recién nacido.
- Acompañar el proceso, ofrecer seguridad y comprensión facilita la lactancia, el vínculo y la recuperación física de madre e hijo.

Cuidar la primera transición requiere presencia, respeto y calma. La tecnología es secundaria, aunque imprescindible ante una urgencia.

El contacto, la contención y la previsibilidad siguen siendo los pilares de la adaptación humana desde el primer instante de vida.

ENTORNO II

Construir el mundo. Del recién nacido a los tres años

Etapa de la autonomía motora

El nacimiento rompe la quietud del feto y su sistema nervioso se expone al mundo. Hasta entonces, el ajetreo exterior le llegaba suavizado por la experiencia materna, pero ahora, sin filtros, los sentidos se convierten en la vía directa de relación del recién nacido. Empieza así una nueva fase del desarrollo cerebral, en la que la experiencia se convierte en el principal motor del cambio.

Desde el nacimiento hasta los tres años, el cerebro crece más rápido que en ningún otro momento de la vida. No aumenta el número de sus neuronas —que ya alcanzó su máximo a las dieciséis semanas de gestación—, sino que cada una de ellas empieza a tejer nuevas conexiones. Sus ramificaciones, llamadas dendritas y axones, se alargan y multiplican para comunicarse entre sí creando decenas de miles de sinapsis, que son los puntos de contacto por donde viaja la información. Este proceso, la sinaptogénesis, es el responsable del incremento del volumen del cerebro durante esta etapa.

Esta expansión vertiginosa del cerebro no es posible sin un entorno rico en experiencias. Cada vivencia —una voz, un roce, un destello— estimula unos circuitos y deja otros en reposo. Y esta diferencia es decisiva, porque refuerza y estabiliza las conexiones que se usan con frecuencia, mientras que las que apenas se activan se debilitan y terminan desapareciendo. Este proceso se denomina «sinaptogénesis dependiente de la experiencia» y constituye el mecanismo más poderoso del neurodesarrollo temprano.

Durante esta etapa, el cerebro se construye a sí mismo a través del uso. Las neuronas recién conectadas se recubren de mielina, una sustancia grasa que aísla los axones y acelera el impulso eléctrico. Gracias a ella, la información viaja con más precisión y las respuestas se vuelven rápidas y coordinadas. La mielinización, que comenzó en el útero, avanza ahora a gran velocidad y continuará durante años (de hecho, aún sucede en tu cerebro mientras lees esto).[14] Estos procesos posibilitan que el bebé pase del movimiento automático a la acción voluntaria, del balbuceo desordenado a la palabra reconocible, del simple reflejo de succión a la coordinación compleja que exige sostener un objeto o dar los primeros pasos.

El crecimiento cerebral de estos años es tan notable que se puede observar desde fuera. La circunferencia de su cabeza pasa de unos 34 centímetros al nacer a unos 50 a los tres años de vida, un aumento que da idea de la frenética velocidad de la sinaptogénesis con cerca de un millón de nuevas conexiones cada segundo. Al cumplir los tres años, el cerebro del niño presenta un número extraordinario de sinapsis, del orden de cientos de billones, y alcanza casi el 90 por ciento del tamaño

14. El proceso por el que las neuronas se recubren de mielina.

adulto, aunque su organización seguirá transformándose durante mucho más tiempo.

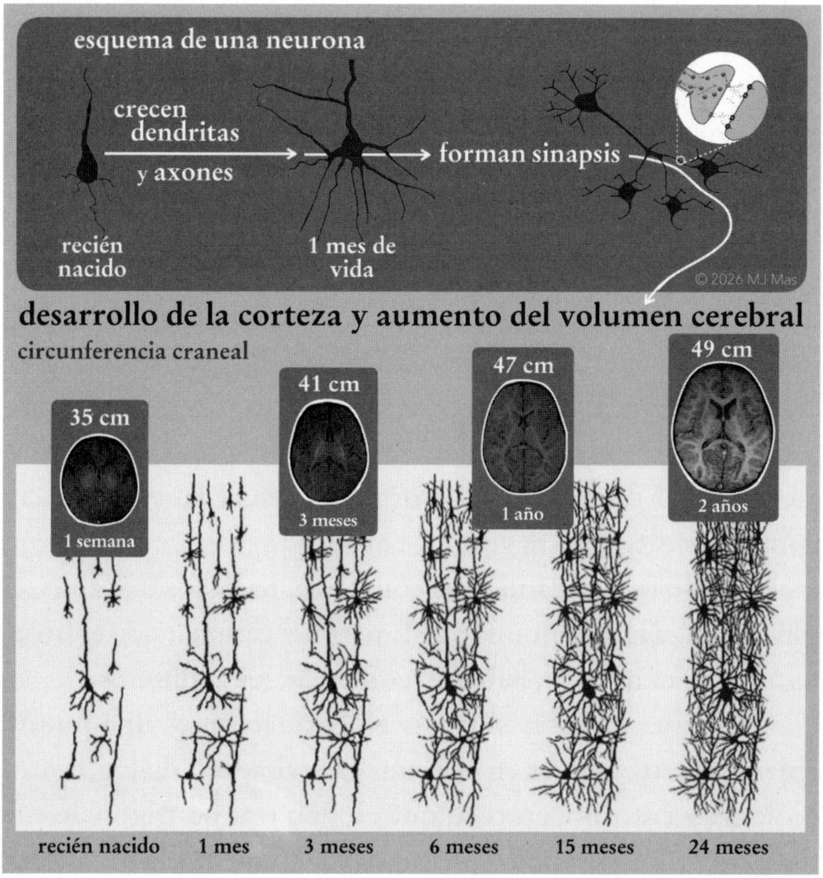

Figura 5. Formación de sinapsis y crecimiento craneal desde el nacimiento hasta los dos años de vida. La proliferación de dendritas y axones, así como la creación de nuevas sinapsis en la corteza se acompañan de un rápido incremento del volumen cerebral, que con este crecimiento empuja al del cráneo y provoca el aumento de su circunferencia. Ilustración original de la autora. © 2026 MJ Mas Salguero.

Todo lo que el niño ve, toca, escucha o siente guía la construcción de su cerebro. Por eso el entorno es tan decisivo, pues moldea la conducta y, con ello, la arquitectura misma del sistema nervioso.

En los primeros meses, cuando la plasticidad es máxima y sólo está mielinizado el tronco encefálico, el aprendizaje regulatorio sigue siendo predominante. El cambio de entorno tras el nacimiento exige recalibrar y estabilizar las funciones vitales, armonizar el cuerpo con lo que le rodea. Su función sigue siendo esencialmente protectora pero, a medida que la corteza sensorial y motora va estructurándose, la experiencia se vuelve más variada y el aprendizaje se apoya en la exploración. El niño precisa orden, ritmo y sentido ante una realidad compleja e imprevisible, y ahora el entorno cumple una función traductora para hacer su experiencia comprensible.

Cuando este andamiaje se consolida, hacia los tres años, el niño alcanza la autonomía que le permite caminar con soltura, usar la pinza manual, hablar y controlar sus esfínteres.

Cada una de estas sinapsis en formación es una puerta abierta al futuro, pues en ellas queda grabado el diálogo entre biología y entorno, entre lo que el niño trae consigo y lo externo. Allí, en esa trama que no se ve, comienza la verdadera construcción del mundo.

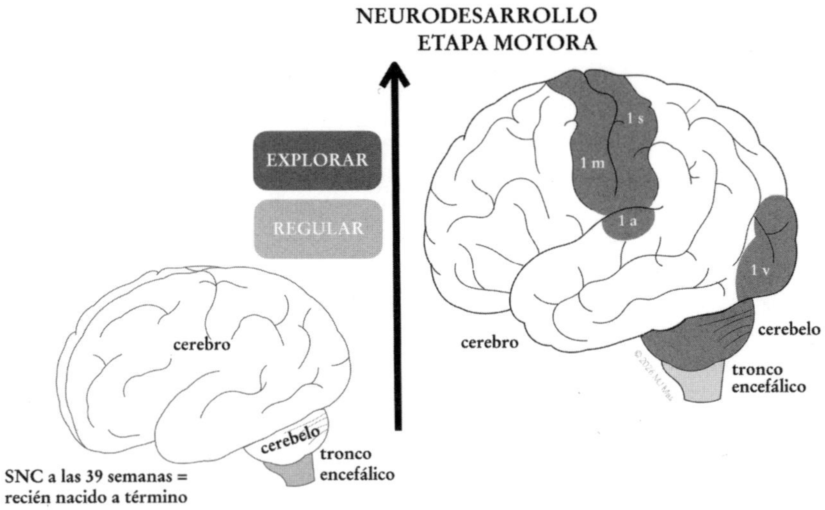

Figura 6. Neurodesarrollo del sistema nervioso central durante la etapa motora. Tras el nacimiento, el desarrollo cerebral se orienta de forma prioritaria hacia la acción y la exploración del entorno. Sobre la base de un tronco encefálico ya mielinizado, se activan, organizan y completan su mielinización el cerebelo y las áreas motoras y somatosensoriales primarias, para facilitar el control postural, la coordinación y el movimiento voluntario. En esta etapa el aprendizaje se apoya sobre todo en la experiencia corporal y sensorial, que permite al niño regularse y explorar el mundo a través de la acción. Ilustración original de la autora. @ 2026 MJ Mas Salguero.

3

Ventanas que se abren. Oportunidades de aprendizaje

El neurodesarrollo no avanza al azar ni a un ritmo uniforme. Su secuencia es reconocible y compartida en todos los niños, pero su ritmo y su forma de expresión son particulares para cada uno.

Aunque el sistema nervioso mantiene su capacidad de cambio a lo largo de la vida, no todas las experiencias tienen el mismo impacto en cada época vital. Hay momentos en los que determinadas redes están especialmente disponibles para organizarse y es entonces cuando la influencia del entorno es más profunda y duradera. A esos intervalos los llamamos «ventanas de oportunidad» o «periodos sensibles».

Se trata de fases de máxima sinaptogénesis en las que los circuitos en formación esperan estímulos concretos que les permitan practicar las habilidades que les corresponden. Mientras esa organización está en marcha el aprendizaje ocurre con menos esfuerzo y mayor eficacia. Esta elevada plasticidad no es indefinida; se mantiene durante un tiempo y después disminuye a medida que los circuitos formados se estabilizan y adquieren sus competencias.

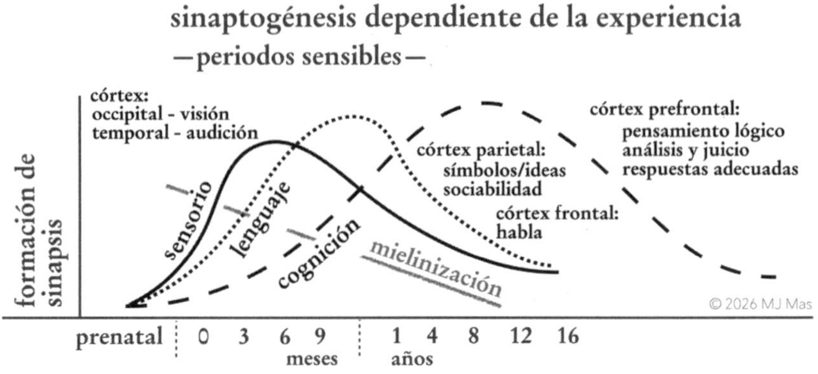

Figura 7. Ventanas de oportunidad. La formación de las redes nerviosas guarda una secuencia temporal que se correlaciona con las funciones que van surgiendo: primero las sensoriales y motoras, después las del lenguaje y, más tarde, las áreas asociativas y de funciones superiores. Ilustración original de la autora adaptada a partir de R. A. Thompson y C. A. Nelson. «Developmental Science and the Media: Early Brain Development», *American Psychologist*, 56(1), 5-5. © 2026 MJ Mas Salguero.

Un buen ejemplo de ello es el desarrollo de la visión. En los primeros años de vida, las áreas visuales del cerebro, situadas en el lóbulo occipital, están en plena organización y necesitan recibir información clara y equilibrada de ambos ojos. Cuando esto ocurre, los circuitos se afinan con rapidez y la visión binocular se establece de forma eficaz, pero si uno de los ojos no aporta una imagen nítida, por ejemplo, por una catarata o un estrabismo, el cerebro prioriza al ojo que ofrece mejor información. Se adapta para evitar ver doble, pero entonces los circuitos occipitales que deberían recibir la señal del ojo que ve peor no se desarrollan lo suficiente y aparece así lo que conocemos como «ojo vago». De esta manera, los circuitos estimulados se refuerzan y los que no reciben información quedan en segundo plano. Si la causa inicial no se trata a tiempo, antes de los cuatro años de edad, esta organización de supervivencia se consolida y la capacidad de recuperación se reduce, incluso en los casos en los que se corrige más tarde, pues una vez cerrada la ventana de aprendizaje, la plasticidad es menor y los resultados ya no son los mismos.

Podemos pensar en estos periodos como ventanas de aprendizaje que se abren de manera gradual, permanecen un tiempo accesibles y luego se van cerrando conforme las redes formadas se afianzan. Mientras la ventana permanece abierta, el cerebro está preparado para recibir un tipo concreto de información. Si la adquiere, afina su organización con facilidad y el aprendizaje fluye con naturalidad; si no la obtiene, otras vías podrán compensarlo más adelante, pero a mayor coste y menor eficacia.

Sin embargo, este calendario biológico no es rígido. No olvidemos que las edades para alcanzar cada hito no son exactas y estos momentos de máxima sensibilidad varían mucho entre personas. Tampoco es cierto que cuanto antes y cuanto más, mejor, porque ni la precocidad garantiza un mejor desempeño ni la estimulación excesiva acelera la adquisición de nuevas habilidades. Sólo cuando el sistema nervioso está preparado, es decir, la sinaptogénesis de las redes que soportan una función es máxima, puede responder a las experiencias que le ofrece el entorno y consolidarlas. Lo que se llama «estimulación temprana» consiste en acompañar al sistema nervioso en su crecimiento y atender a lo que puede hacer y necesita practicar en cada momento.

Las redes que se activan con frecuencia se refuerzan, mientras que las que apenas se usan quedan en silencio y acaban desapareciendo. Esta sinaptogénesis dependiente de la experiencia explica por qué el entorno moldea la arquitectura cerebral, ya que se construye seleccionando lo que es más útil en un ámbito concreto y evitando acumular lo innecesario. El neurodesarrollo temprano es, en gran medida, una poda inteligente de posibilidades.

Un ejemplo de esto es el modo en que el cerebro infantil selecciona los sonidos del lenguaje. El recién nacido distingue todos los fonemas humanos posibles, los de cualquier lengua, pero a medida que escucha a los hablantes de su alrededor, su cerebro opta por los que se repiten y refuerza los circuitos que los identifican, de manera que, hacia los nueve meses, deja de discriminar los fonemas que no forman parte del idioma que oye a diario para afinar sólo aquellos que le resultan útiles. Se cierra así una ventana de oportunidad para organizar la percepción del sonido. Más adelante puede aprender otros fonemas mediante la adaptación de los circuitos ya moldeados para el habla, pero no será de forma espontánea ni con la arquitectura óptima que se construye cuando la experiencia llega en el momento adecuado. Por eso los hablantes nativos no tienen acento extranjero y los demás sí suelen tenerlo.

El orden en que se abren estas ventanas no es arbitrario. Así, las primeras redes en completar su formación y puesta en marcha serán las de las funciones más básicas, los cimientos sobre los que se sustentarán las más complejas. Antes lo hacen las relacionadas con la regulación corporal y la estabilidad del sistema para facilitar que los ritmos internos se acoplen a los externos, como el sueño, la alimentación, el consuelo o la respuesta al estrés. De forma paralela, las señales sensoriales se integran con la acción motora para mantener la postura, el equilibrio y la coordinación, dando paso a la exploración. Sobre esa base se desarrollan después la percepción más fina, la atención, la memoria, la predicción y el lenguaje. Por fin surgirán las funciones más complejas como el razonamiento abstracto y la autorregulación emocional. En resumen, cada etapa prepara la siguiente y ninguna puede omitirse sin consecuencias.

El aprendizaje es transformador, no acumulativo, por eso el papel del entorno radica en posibilitar que la experiencia adecuada llegue en el momento oportuno. De ahí que sea decisivo ofrecer el estímulo justo y repetirlo con la constancia suficiente para que el cerebro infantil llegue a captar su sentido. Si todo cambia demasiado deprisa o sucede a la vez, resulta muy difícil discriminar lo relevante y extraer el patrón que permite la comprensión. La novedad incesante y caótica dispersa y entorpece.

Esto explica por qué la estimulación forzada resulta poco respetuosa con el desarrollo. Las bases del sistema necesitan madurar antes de poder integrar funciones más complejas, por lo que proponer tareas para las que el bebé no tiene aún control postural, coordinación o regulación suficiente supone una carga. Pensemos que está todavía organizando su eje corporal, su equilibrio, la orientación de la mirada y la capacidad atencional. Tampoco se puede pretender que el niño hable sin que haya intención comunicativa, capacidad de compartir experiencias ni sin comprender el efecto que tiene su balbuceo en el otro. Por ello obligar al cerebro a reclutar circuitos inmaduros genera un esfuerzo extra y puede interferir en la consolidación de habilidades más básicas que siguen en construcción.

El vínculo también es esencial en estos periodos críticos. La presencia del adulto regula la activación del sistema nervioso y ofrece seguridad para explorar. Sin esa base afectiva, el cerebro dedica demasiados recursos a la supervivencia y pierde disponibilidad para aprender. Un niño seguro se expone más, se equivoca más, repite más y aprende mejor; por eso las experiencias relacionales forman parte de la estructura misma del neurodesarrollo. La calidad del cuidado modifica el clima interno en el que el cerebro decide qué conexiones merece la pena reforzar.

Aunque las ventanas sensibles no son exclusivas de la primera infancia, es entonces cuando su impacto es mayor. Más adelante el cerebro seguirá siendo plástico, pero cada cambio exigirá más tiempo, más repetición y más esfuerzo consciente. En otras palabras, el aprendizaje sigue siendo posible, pero la reorganización resulta menos eficiente en unas redes ya consolidadas.

En definitiva, el niño no es alguien al que hay que enseñar cosas, es una persona en construcción cuyo organismo necesita las condiciones oportunas para desarrollarse. Así entendida, la crianza consiste en facilitar el trabajo que el sistema nervioso ya está realizando y la mejor manera de sacar provecho del tiempo de apertura de estas ventanas es estar presente y ofrecer oportunidades que apoyen los intentos del niño. Un entorno estimulante, una relación estable y espacio para la repetición y el juego crean las condiciones para que el neurodesarrollo discurra con fluidez. Parece una tarea sencilla, pero en realidad es muy exigente.

4

En los brazos maternos, su nuevo mundo

Los tres primeros meses

Durante los tres primeros meses de vida, el mundo del bebé cabe en los brazos que lo acogen.

El recién nacido está adaptado al entorno que acaba de dejar gracias a las vivencias intraútero que han configurado su sistema nervioso. Tiene las herramientas mínimas para sobrevivir, pero le falta el manual. Desconoce qué es el hambre, la sed o el sueño, el frío o el calor, por eso necesita que otro ser humano le preste su regulación y traduzca las señales del mundo a una pauta predecible. Nadie mejor que su madre, quien lo ha gestado y a quien ya reconoce. En un intercambio de miradas, contacto, voz y ritmos se cimientan las primeras formas de aprendizaje corporales y afectivas. Es el inicio del desarrollo regulatorio, el primer ensayo de un cerebro que comprende a través del vínculo.

El precio del silencio

Cuentan los cronistas que el emperador Federico II quiso descubrir qué lengua hablarían los seres humanos si nunca oyeran palabra alguna.[15] Para ello mandó criar a varios recién nacidos en completo silencio. Las nodrizas podían alimentarlos y asearlos, pero no debían hablarles, cantarles ni acariciarlos más de lo necesario. El monarca esperaba escuchar la lengua de la creación, pero encontró un silencio mortal, ya que ninguna de aquellas criaturas sobrevivió.

Releída con ojos científicos, la historia que narra Salimbene de Adam revela algo muy profundo: que un bebé no puede vivir sin el calor humano. «Su experimento fracasó, porque los pequeños no podían vivir sin un gesto amable, sin una mirada alegre, sin esas muestras mínimas de afecto que sostienen la vida», escribió el franciscano que fue contemporáneo del emperador. La respiración, la temperatura y el sueño del recién nacido se acompasan al cuerpo y a la voz de quien lo cuida. Sin ese intercambio biológico y afectivo, el sistema nervioso pierde el ritmo que lo organiza. Federico buscaba el lenguaje original y, sin pretenderlo, demostró que no era otro que el idioma del cariño.

Siglos después, el relato de Salimbene encontraría respaldo en los estudios de René Spitz (1887-1974), médico austro-estadounidense que documentó los efectos devastadores de la privación afectiva en la primera infancia. Con tal fin, comparó el desarrollo de bebés criados en instituciones, como orfanatos o salas de maternidad, con el de niños cuidados por sus madres. Aunque recibían una atención física correcta, los primeros mostraban un deterioro progresivo con pérdida de peso, retraso psicomotor, apatía, infecciones recurrentes e incluso

15. Emperador del Sacro Imperio Romano Germánico (Iesi, 26 de diciembre de 1194-Castel Fiorentino, 13 de diciembre de 1250). Llamado *stupor mundi* («asombro del mundo») por su personalidad extravagante y vastos conocimientos.

la muerte. Spitz atribuyó este colapso a la falta de contacto afectivo y lo denominó «hospitalismo». También mostró la importancia del vínculo temprano al observar que los bebés separados de su madre sufrían tristeza profunda, insomnio, llanto inconsolable y una detención global del desarrollo. La recuperación era posible si el reencuentro sucedía en los tres meses siguientes, pero más allá quedaban secuelas importantes.

El silencio volvió a ejercer su perniciosa influencia en los orfanatos rumanos de los años noventa. En esas instituciones cientos de recién nacidos crecían en hileras de cunas idénticas; bien alimentados y limpios, seguían el ritmo frenético de unas cuidadoras que apenas tenían tiempo para cogerlos en brazos. En esa rutina sin palabras ni caricias, sus frágiles cerebros crecían en la carencia más absoluta. La falta de estímulo en un momento tan crítico atrofiaba sus neuronas, que, poco ramificadas y raquíticas, construían una corteza cerebral delgada cuyos ritmos eléctricos estaban enlentecidos. Con el paso del tiempo, esas ausencias harían mella evidente en la conducta de los niños, que acababan mostrando un patrón común de atención dispersa, apego desinhibido e impulsividad. Pero también se observó una capacidad inesperada de reparación, porque cuando el vínculo afectivo se restablecía a tiempo el neurodesarrollo se reconducía, como si la plasticidad aguardara paciente la oportunidad de reescribir su biografía.

Estas historias, separadas por siglos, apoyan la teoría del apego de John Bowlby, ya que sin miradas ni contacto el niño se desregula y su cerebro pierde la pauta que ordena sus ritmos. Del emperador que buscaba la lengua de los ángeles a los niños silenciados en los orfanatos, todos enseñan la misma lección: que el bebé compone los primeros compases del lenguaje en los gestos amorosos que lo adormecen, alimentan y consuelan.

EL CEREBRO AUTOMÁTICO

En sus primeros meses de vida, el sistema nervioso sólo tiene operativas las estructuras necesarias para una supervivencia básica. El tronco encefálico, los pedúnculos cerebelosos y las principales vías sensorio-motoras están ya completando su mielinización. En cambio, la corteza cerebral apenas está esbozada. Le falta mucho para alcanzar la intrincada organización y la velocidad de transmisión que propiciarán primero una autonomía motora y, mucho después, una vida adulta independiente.

Este desarrollo estructural del sistema nervioso se refleja en la conducta del recién nacido, que respira con regularidad, mantiene estable su frecuencia cardiaca, su sistema digestivo funciona y su sueño sigue ciclos reconocibles. Además percibe sensaciones básicas y responde a las interrupciones de su bienestar, también reacciona ante el dolor o el contacto, pero aún no discrimina con finura los estímulos complejos. Sus movimientos están muy condicionados por la presencia de los reflejos neonatales —respuestas motoras automáticas que se originan en el tronco encefálico—, que la corteza aún no puede inhibir. Así, abre la boca al tocarle la comisura labial, succiona y traga de forma coordinada, cierra el puño al apretarle la palma o flexiona el pie al presionarle la planta, estornuda y tose, parpadea si se asusta, etc. Todos estos movimientos ayudan a su supervivencia, parecen interferir en los voluntarios, pero en realidad constituyen la base sobre la que, más adelante, se sustentarán.

Rápidamente, con el paso de las semanas, la mielinización progresa hacia regiones más altas y, junto con los cambios corporales y la práctica, permite movimientos cada vez más estables, la desaparición gradual de los reflejos neonatales y un intercambio más activo con el entorno. Se observa que sostiene mejor la mirada, el llanto es más comunicativo y la atención se dirige a voces y rostros. La experiencia hace el resto, de manera que cada cuidado, pauta y respuesta materna a su incomodidad contribuyen a consolidar estos primeros circuitos que, en pocas semanas, transforman al recién nacido dominado por respuestas automáticas en un lactante que empieza a construir su manera propia de estar en el mundo.

Cerebros al compás

Los gestos torpes del recién nacido dejan entrever su incipiente neurodesarrollo y hacen las delicias de sus padres. Además, su aspecto delicado y su olor a bebé despiertan una ternura inmediata. Todo en él invita a protegerlo, a mecerlo y abrazarlo para que nada lo perturbe. Parece un impulso casual, pero es una deliciosa treta de la naturaleza.

Las hormonas del embarazo transforman el cuerpo de la mujer y cambian los circuitos emocionales de su cerebro de forma duradera. La oxitocina empieza a liberarse durante la gestación para forjar el vínculo con el feto, y sigue secretándose en el parto y con la lactancia para afianzar estas redes implicadas en interpretar gestos, miradas o tonos de voz, que ayudan a la madre a afinar sus respuestas. El amor por su hijo se agranda cuanto más lo comprende y su cuerpo, tan «achuchable», multiplica sus instintos maternales. Esa cabeza desproporcionada para un cuerpo pequeño de extremidades cortas y regordetas, esos ojos enormes en una cara menuda de nariz, barbilla y orejas diminutas. Ese olor suave y tibio, tan dulce... ¡Imposible resistirse!

Así, sutil, la biología consigue que el adulto se acerque al recién nacido, porque ese contacto estimula el crecimiento de su cerebro. Con cada abrazo y respuesta libera hormonas estimulantes de su crecimiento corporal y neurodesarrollo, que le ayudan a regularse.[16] Si esta presencia falta, el avance del niño se hace incierto.

Aunque el embarazo da ventaja a la mujer, el cerebro del hombre también cambia cuando ejerce de padre. La práctica diaria le enseñará el significado de cada sonido y gesto de su hijo. Así, cuanto más participa en la crianza, más oxitocina libera sobre sus circuitos del cuidado y de esta manera se especializa en leer las señales del niño. En realidad, el sexo o el parentesco del cuidador son menos importantes que su implicación real para fortalecer el vínculo y transformar el cerebro adulto al compás del neurodesarrollo del recién nacido.

Los primeros compases

El aprendizaje inicial del recién nacido es regulatorio, ya que necesita reconocer el hambre, el cansancio, el frío o cualquier otra incomodidad para ajustar sus ritmos de alimentación y sueño a esas sensaciones nuevas. Pero como no puede hacerlo

16. Entre otras, las hormonas tiroideas de las que hemos hablado antes.

solo, precisa la referencia de un adulto que le ofrezca un entorno estable y predecible, un patrón de sucesos que le anticipe lo que viene para interpretarlo y acomodarse sin inquietud.

El plan es sencillo, consiste en mantener una respuesta constante para cada demanda hasta que le resulte familiar. Así, las redes en formación encuentran un patrón a seguir que, a fuerza de repetirse, consolida las conexiones implicadas en el sueño, la alimentación y el consuelo.

El tacto fue el primer sentido en completar su desarrollo intraútero y ahora es el intérprete del primer lenguaje. En el útero el feto nadaba en líquido; fuera, la ropa y el aire ejercen una presión muy distinta que necesita entender. Cuando se le sostiene en brazos percibe mejor el contorno de su cuerpo; las caricias suaves y los abrazos disminuyen su agitación, lo que facilita la succión y la conciliación del sueño. En suma, el contacto calma a la vez que guía la organización de los circuitos sensorio-motores que están tomando forma.

La percepción dolorosa es un tipo específico de sensación táctil tan importante que tiene sus propios receptores. El dolor es un estímulo protector que el recién nacido siente intenso y difuso porque, aunque tiene abundantes receptores que cubren áreas cutáneas amplias, sus señales llegan a una corteza aún poco estructurada. Por tanto, le cuesta saber dónde y cuánto le duele. Su expresión de dolor es similar a la de cualquier otro malestar, llora tenso, enrojece y su corazón y respiración se aceleran. Como su sistema nervioso se entrena con cada experiencia, el dolor repetido puede sensibilizar en exceso sus circuitos, convirtiendo sensaciones inocuas en dolorosas. Por eso, en pacientes ingresados en la UCI neonatal es fundamental manejar bien el dolor para que no deje huella en los circuitos del estrés y de la sensibilidad dolorosa. También en situaciones menos dramáticas y cotidianas conviene aprender a manejar el dolor, como el provocado por irritaciones de la piel, vacunas, extracciones de sangre o retirada de apósitos. Porque a pesar de su carácter protector, el dolor interrumpe el frágil equilibrio del bebé y no necesita soportarlo. El contacto piel con piel, la succión o unas gotas de leche reducen la sensación dolorosa. El calor, el arrullo firme y la voz suave de su madre completan este pequeño escudo neurobiológico que amortigua el impacto.

En el torbellino de nuevas sensaciones, el bebé distingue el olor de la piel y del pecho maternos, un aroma que reconoce del útero, que le ofrece cobijo y lo guía hacia la toma. En brazos de su madre, su olfato y su gusto se saturan de la dulzura familiar de la leche y todas esas sensaciones modulan sus emociones mientras refuerzan sus vínculos y le dan la calma para regular su estrés. Por eso amamantar fortalece el componente afectivo de las percepciones, en especial las del olfato, que está muy entrenado tras la vida intraútero. Ahora, el «paisaje olfativo» de la piel y la ropa maternas le anuncia si va a comer o a descansar. Con la repetición diaria, estas asociaciones se consolidan y le orientan en situaciones que aún no comprende.

Esta sinfonía táctil, olorosa y gustativa se acompasa con la voz de su madre, la melodía sonora de su experiencia fetal con la que aprendió a distinguir el habla de otros sonidos. Los desconocidos le asustan, aceleran sus latidos y succiona más rápido mientras vuelve la cabeza hacia el ruido. En cambio, las palabras cariñosas de su madre lo serenan y responde prestando atención. Aunque su rudimentaria corteza auditiva todavía no las entiende, esta respuesta automática del tronco demuestra su preferencia por las voces agudas, suaves y pausadas con las que instintivamente hablamos a los bebés. Así pues, conviene hablarle cerca y a la cara, pronunciando con claridad y darle tiempo para que conteste devolviendo la mirada o succionando. Cuando la madre lo toma en brazos, lo estrecha contra su pecho y le habla con suavidad mirándole a los ojos, combina todas las claves sensoriales que el bebé necesita para calmarse, orientarse y empezar a organizar su pequeña rutina.

El do de pecho

Dar el pecho es un gesto natural que requiere aprendizaje. Ni la madre primeriza ni su recién nacido tienen experiencia, pero cuentan con la ventaja de los reflejos neonatales generados por el tronco encefálico. El reflejo de búsqueda y el de succión hacen que el bebé abra la boca y gire la cabeza hacia el pezón cuando lo nota en la comisura de los labios y succione con el mismo patrón rítmico que ya practicaba mientras se chupaba el pulgar en el útero.

Por su parte, la madre debe aprender a sostenerlo. Lo ideal es alinear su cuerpo al del bebé, acercarle nariz y labios a la areola para activar esos reflejos. Esta postura evita tirones dolorosos que agrietan el pezón y facilita la coordinación de succión, respiración y deglución. Al sentirse saciado, el bebé deja de mamar y suele dormirse; entonces, puede seguir succionando, pero sin tragar. Cuando vuelva el hambre se inquietará y sus gemidos o lloriqueos marcarán el momento ideal para iniciar otra toma antes de que la irritabilidad aumente y la entorpezca. Así, sin prisas ni interrupciones, cada toma es una oportunidad para reforzar la lactancia a demanda y la compenetración mutua.

La leche materna es un fluido vivo que alimenta, protege

y ejercita los sistemas del recién nacido, ya que aporta células inmunitarias, anticuerpos, enzimas y hormonas que regulan el apetito, el metabolismo y el sueño. Además contiene factores que favorecen la maduración intestinal y la respuesta inmunitaria, bacterias beneficiosas que forman su microbiota y azúcares que las nutren. También transporta vesículas con señales que afinan la expresión génica y antioxidantes que reducen el estrés celular. De esta manera continúa el diálogo biológico iniciado en la gestación.

Debido a estas cualidades se recomienda la lactancia materna exclusiva hasta los seis meses, aunque no siempre es posible ni todas las mujeres la eligen. Se trata de decisiones que deben respetarse y apoyarse, porque aunque el biberón no proporciona los mismos componentes biológicos, sí ofrece las mismas oportunidades de conocimiento mutuo, de apego y educativas.

Dar el pecho implica un contacto estrecho entre madre e hijo que contiene sus movimientos para facilitar la percepción del propio cuerpo en el espacio —propiocepción— y le ofrece un marco sensorial estable en el que la mirada materna es referente. En esta postura, lengua, mandíbula y respiración se coordinan con facilidad en una succión vigorosa, rítmica y eficaz; así crecen y se afinan los circuitos que más adelante sostendrán la autorregulación emocional.

En cambio, la succión al biberón es más pasiva. Depende del flujo de la tetina y exige menos trabajo orofacial, entorpece el desarrollo del paladar y aumenta el riesgo de maloclusión dental.[17] Además, el espacio que ocupa el biberón aleja al

17. Pérdida del alineamiento entre los dientes superiores e inferiores que encajan mal al morder.

bebé del adulto y orienta su mirada hacia arriba, es decir, interrumpe la sintonía interactiva. Para paliarlo, se puede acercar más al bebé, alternar el lado en cada toma y usar tetinas de flujo lento que exijan succión activa. Así, la mirada y la voz maternas guían la regulación emocional del mismo modo que en la alimentación al pecho.

Las señales de hambre y saciedad son innatas, por ello deben atenderse siempre, ofreciendo el biberón también a demanda, sin horarios ni cantidades fijas, permitiendo pausas y retirándolo cuando se sacia. De este modo se conserva la autorregulación de la ingesta.

Durante las primeras semanas, el recién nacido crece muy rápido y necesita alimentarse con mucha frecuencia, tanto de día como de noche, lo que condiciona sus ciclos de vigilia y sueño, ya muy breves de por sí. La variación diaria de la leche y la regularidad de las tomas van estabilizando sus ritmos biológicos y favorecen que los despertares nocturnos se espacien. Muchos de estos despertares no serán por hambre y poco a poco, según aprende a reconocerlos, la madre ya no necesitará darle el pecho cada vez que haya una queja nocturna. Una respuesta más específica ayuda al pequeño a volver a dormirse sin estorbar la lactancia a demanda.

El bebé aprende a regularse a través de sus sensaciones. Las experiencias repetidas crean patrones que su sistema nervioso reconoce y así anticipa lo que va a suceder. La luz del día y la actividad cotidiana del hogar, con sus ruidos y olores domésticos, lo arrullan durante las siestas diurnas. En contraste, la penumbra, el silencio y la tranquilidad de la noche indican a su cerebro que le espera un periodo de sueño más continuado. Si añadimos rutinas sencillas, como el baño y el pijama para dormir, le facilitamos la comprensión de lo que le espera.

Mantener la constancia en estas señales ordena sus ciclos internos y facilita que el sueño nocturno se alargue de forma natural.

A RITMO DE CHUPETE

La succión es el refugio del recién nacido frente a los continuos cambios del entorno que le desbordan, le aporta calma, alivia el dolor y lo adormece, porque modula la actividad del tronco del encéfalo y estabiliza la respiración. Cuando la entrada de aire disminuye o la postura es poco eficaz, la succión favorece la aparición de un breve sobresalto que lo lleva a un sueño más ligero. Ese instante basta para reajustar su tono y aumentar su frecuencia respiratoria. Inmediatamente, el cerebro recompone los ciclos del sueño y el descanso se consolida. De esta manera el microdespertar provocado por la succión protege al bebé, le permite continuar durmiendo de forma segura y reduce el riesgo de muerte súbita. Si además ponemos a dormir al bebé boca arriba, la protección será aún mayor.

Por eso el uso del chupete sirve a esta succión no nutritiva. Puede ofrecerse en las siestas y por la noche sin que interfiera ni acorte la duración de la lactancia. Se trata de un recurso más en el aprendizaje de la autorregulación mientras los circuitos implicados acaban de organizarse. Cuando llegue el momento de retirarlo, lo haremos de manera gradual y respetuosa, como con cada paso de su desarrollo.

Componiendo en un nuevo espacio

La postura del recién nacido evoca las estrecheces y la calma del útero. Predomina la musculatura flexora, que lo mantenía recogido en un ovillo y ahora condiciona la forma de acunarlo mientras reposa. Desde esta posición fetal partirá todo su desarrollo motor, muy influenciado por el sensorial.

El sinfín de estímulos desconocidos que lo rodean fomentan nuevas conexiones entre las neuronas de la corteza sensorial, que los almacenan y recuerdan para siguientes ocasiones. A su vez, provocan respuestas motoras reflejas, generadas por el tronco del encéfalo, que promueven el desarrollo del córtex motor. Esta nueva red de sinapsis sensoriales y motoras crece en densidad para reprimir los circuitos automáticos neonatales y dotar a los movimientos de intención y voluntad.

El cuerpo del recién nacido se mueve en bloque, es decir, cabeza, tronco y extremidades se contraen y estiran al unísono en secuencias de gestos amplios que cambian de intensidad y velocidad como si un resorte lo recorriera por entero. Son movimientos reflejos y estereotipados provocados por estímulos concretos. Como hemos visto, el olor del pezón materno y su contacto desencadenan el de búsqueda y succión para alimentarse. Al tocar la palma de su mano la cierra en un puño. El reflejo de la marcha se activa al apoyarlo sobre sus pies, avanza uno delante del otro y parece caminar. Si siente que se cae hacia atrás separa los brazos, abre las manos y llora sobresaltado. En realidad, no sabe coger objetos ni andar, sino que su rudimentario sensorio activa los programas motores congénitos, prueba de que su sistema nervioso funciona y está sano.

Fuera del útero los miembros del bebé ya tienen espacio para estirarse. Progresivamente, el mayor rango de movimiento equilibra la fuerza de músculos flexores y extensores para perder la postura fetal, controlar su cuerpo y moverse con más intención. Cada caricia, cada abrazo, cada ropa de tejido diferente alimenta sus circuitos táctiles y fomenta los del movimiento. Le ayudan a descubrir dónde acaba su piel y empieza el mundo; a reconocer texturas, temperaturas y presiones que buscará o rechazará según le resulten placenteras o molestas.

Al ganar autonomía es más difícil sostenerlo acostado en brazos. Se prefiere cargarlo en vertical sujetando su cabeza que, hacia los tres meses, ya mantendrá erguida sin apoyo. Cada vez más despierto, se mueve de modo incesante hasta que se para expectante cuando algo llama su atención. Por ejemplo, si un ruido inesperado le sorprende, succiona más rápido y gira la cabeza buscándolo, y observa atento un rostro cercano atraído por un patrón de formas humanas. Estas respuestas motoras son reflejos a estímulos sensoriales grabados durante su vida fetal que se harán voluntarias cuando la corteza complete su desarrollo.

Poco a poco mejora la integración sensorio-motora. Los movimientos oculares se vuelven más precisos y la atención visual se prolonga. Boca arriba, agita ambos lados del cuerpo de forma independiente y, liberado del reflejo de prensión, abre las manos, las mira, e incluso puede juntarlas y coger objetos para sacudirlos. También se queda mirando una cara, sigue el desplazamiento de un juguete o permanece absorto en una luz lejana. Se trata de entrenamientos constantes que hacen progresar la coordinación entre su corteza visual y manual. Aún torpe, cada intento perfecciona sus circuitos para ir refinando la puntería en los meses siguientes.

La conquista de la sonrisa

Si el tierno aspecto del bebé y su delicado olor despiertan el instinto de protección del adulto, su repertorio de sonidos lo alienta aún más y estrecha el lazo que los une.

El llanto, en concreto, es la señal de alerta, y es su madre quien interpreta si se trata de hambre, sueño o incomodidad. Aunque los gestos y ruidos del bebé son involuntarios, la lectura que hace el adulto y su respuesta benefician el desarrollo del pequeño que recibe cuidados, caricias y el calor de una voz que intenta calmarlo.

Muy pronto aparecen otros sonidos que no expresan malestar, sino simple experimentación vocal. Así, los gorjeos, los grititos agudos, los gruñidos suaves o las pedorretas se convierten en material de juego. Los adultos contestan con frases, sonrisas y gestos, entablando un diálogo basado en turnos de mirada, expresiones faciales y cambios en el tono de voz. Cuanto más le hablan, más elaboradas son las vocalizaciones del bebé y, a su vez, cuanto más les responde, más se esfuerzan por entenderlo. Esta conversación de ida y vuelta es un motor potentísimo para el desarrollo de los circuitos del lenguaje.

Las primeras sonrisas, muy tempranas, son automáticas y no siempre se producen en respuesta a lo que le sucede. Una vez más son descargas del tronco del encéfalo, todavía dueño de la conducta. Hacia los dos meses, la sonrisa se vuelve claramente social y el bebé la ofrece cuando alguien se inclina sobre él, le habla o lo acaricia. Alrededor de los tres meses, el dominio de la sonrisa y de la mirada es tan eficaz que basta una mueca amable acompañada de un balbuceo para rendir por completo a los adultos. El pequeño ha descubierto una herramienta insuperable para captar atención y afecto, y la usa con una maestría que desarma.

En resumen, el neurodesarrollo se sustenta en un intercambio continuo entre la biología y el entorno que envuelve al recién nacido. Durante este tiempo el cerebro reorganiza con rapidez su jerarquía interna. El tronco del encéfalo sigue sustentando las funciones vitales y algunos automatismos, pero la corteza va tejiendo sus redes y conquistando pequeñas parcelas de control sobre la postura, el movimiento, la percepción y la relación con los demás. Las caricias, los cuidados, el intercambio de miradas y las conversaciones balbuceadas son experiencias que se guardan en los circuitos recién formados.

Recomendaciones prácticas. Crear previsibilidad

Como hemos explicado, la construcción del sistema nervioso depende del uso, la experiencia y tipo de entorno al que exponemos al recién nacido durante sus primeros meses. La maduración sensorial, motora y relacional se organiza gracias a la repetición de patrones, la previsibilidad, la calidad del vínculo, la protección frente a interferencias y la sensibilidad del adulto que acompaña.

ÁREA	ACCIONES	EN CONCRETO
Sensorial	Piel con piel diaria durante las primeras semanas, si es viable y la familia lo desea.	• Al menos sesenta minutos, mientras esté despierto y tranquilo. • Alternar madre y padre, respetando siempre las señales del bebé.
	Reducir el ruido de fondo y priorizar la voz humana.	• Apagar televisores y pantallas. • Hablarle en voz suave, con un tono melódico y pausado, describiendo lo que ocurre, cantando o tarareando.
	Ofrecer experiencias táctiles y propioceptivas seguras.	• Cogerlo con suavidad: brazos, manos y piernas recogidas hacia el tronco. • Arrullo flexible que le permita mover caderas y piernas. • Evitar fajarlo. • Masaje infantil tras el baño, suave con aceite neutro; observar si le gusta o si se satura.
	Cuidar la luz y el contraste visual. Distingue mejor figuras negras sobre fondo blanco.	• De día, cerca de luz natural indirecta, nunca directa en la cara. • Facilitar que pueda mirar el rostro del adulto a contraluz suave.

		• De noche, evitar luz blanca intensa, interfiere la maduración de los ritmos de sueño.
Autorre-gulación y respuesta al estrés	Después de las primeras semanas no necesita estar pegado al pecho para regularse, pero sí necesita seguir sintiendo unos brazos que lo recogen y un entorno que responde. Responder de forma sensible y relativamente rápida mejora su capacidad de regulación y la calidad del apego, y reduce problemas emocionales posteriores.	• Acudir al bebé cuando llora, e intentar identificar si tiene hambre, cansancio, necesidad de contacto o sobrecarga de estímulos. • Cogerlo en brazos, hablarle suave y ajustar la respuesta a su grado de incomodidad.
	Desde el nacimiento, construir microrrutinas reguladoras a lo largo del día tiene efectos positivos mantenidos sobre la autorregulación y el desarrollo saludable años después.	• Repetir secuencias previsibles antes de comer, dormir o salir a la calle, siempre en el mismo orden y con la misma voz y gestos. Por ejemplo, antes de las siestas seguir siempre el mismo pequeño ritual de bajar luces, hablar en susurros, cantarle una nana.
	Usar el contacto físico como «interruptor» del estrés.	• Priorizar piel con piel, porteo o brazos cuando el bebé está sobrepasado por estímulos.

Motora	Ofrecer juego en el suelo a diario, no solo dispositivos de contención.	• Colocarlo sobre una manta firme en el suelo, despierto y vigilado, varios ratos al día. • Alternar posición boca arriba con breves periodos boca abajo cuando esté despierto y tranquilo. • Evitar tenerlo despierto en el cuco, la hamaca o la silla porque limitan la exploración motora.
	Introducir el «tiempo boca abajo» desde muy pronto, pero respetando su tolerancia. Mejora el control corporal, disminuye el riesgo de deformidad craneal —plagiocefalia posicional— y de obesidad en el primer año de vida.	• Comenzar con uno o dos minutos en vigilia, varias veces al día sobre el pecho del adulto o una superficie segura. Aumentarlo gradualmente. • El objetivo es ofrecer oportunidades repetidas para que levante la cabeza y active los hombros y los músculos extensores.
	Facilitar transiciones de postura y movimientos libres.	• Dejar espacio suficiente a su alrededor, sin peluches ni cojines que bloqueen giros. • Turnar el brazo con el que lo coges. • Alternar el lado hacia el que mira en la cuna. • Invitar a que siga objetos con la mirada y gire el tronco.

		• Facilitar periodos boca arriba para que explore sus manos, se toque la cara y junte las manos en la línea media.
Sueño y ritmos circadianos	Alinear luz y socialización con el ciclo día-noche.	• Exposición a luz natural por la mañana: paseos, cortinas abiertas, mantener la casa más luminosa y activa durante el día. • Por la noche, atenuar luces, reducir ruido y limitar la interacción a cuidados necesarios, con voz baja.
	Proteger los microdespertares como parte del sistema de defensa, pues son la forma en que el cerebro reorganiza la respiración y protege frente a eventos de riesgo.	• Evitar «forzar» que duerma más de lo que marca su propio ritmo. • Respetar los microdespertares, los cambios de postura y los movimientos de succión durante el sueño.
	Usar tacto y música suaves como puente hacia el sueño.	• Un masaje antes de dormir, observando siempre su respuesta. • Cantar o poner música suave a volumen bajo mientras está en brazos o piel con piel, pero que no permanezca toda la noche.

5

Pensar en movimiento

Nada de lo que ocurre en el exterior resulta indiferente al cuerpo. De hecho, por eso necesitamos un sistema nervioso, para que tome las señales del exterior —electromagnéticas, mecánicas o químicas—, las traduzca a su código interno —impulso nervioso—, las interprete —cognición— y dé una respuesta que es casi siempre motora.

Aprendemos a pensar a través del movimiento.

Con cada estiramiento, cada giro de la cabeza, cada impulso del recién nacido se activan circuitos que transmiten la información sensorial y motora. Podemos decir que componen una nota, un compás de la partitura con que afina su neurodesarrollo. Inmerso en los cambios constantes del ambiente, debe aprender dónde está su cuerpo —propiocepción—, cómo se mantiene estable —equilibrio— y cómo se desplaza —movimiento.

La propiocepción, ese sentido profundo que informa de la posición del cuerpo, crea un mapa interno sobre el que se organizarán la atención, la memoria y la planificación. El equilibrio no depende solo de la coordinación muscular, se trata de una operación compleja que integra información visual, del oído interno (que contiene el órgano de la estabilidad) y propioceptiva. Su desarrollo exige que el cerebro compare señales, descarte las erróneas y seleccione las fiables, un proceso muy similar a las operaciones cognitivas que más tarde permitirán discernir, clasificar o anticipar. El desplazamiento ordena una gran cantidad de variables sensoriales y motoras usando las mismas vías nerviosas que en el futuro intervendrán en la resolución de problemas, así que cada intento fallido o exitoso de, por ejemplo, coger un objeto entrena la predicción sensorial. Esta capacidad del cerebro para anticipar lo que va a ocurrir es la misma que sirve para la comprensión del entorno y el razonamiento causal.

Incluso la lectura del mundo emocional se apoya en esta arquitectura motora primaria, ya que el equilibrio y la propiocepción participan en el control del estrés. Cuando estos circuitos se desarrollan en un entorno estable y predecible, la respuesta fisiológica a la novedad se suaviza, entonces el niño se siente seguro, explora más, se expone a más experiencias y, así, aprende mejor.

A menudo concebimos la cognición como si fuera un proceso abstracto que ocurre sólo en la corteza cerebral. Es cierto que esta actúa como guía, pero pensar es un acto profundamente corporal en el que participa todo el sistema nervioso. La actividad cortical trabaja sobre las señales sensoriales que recibe de las distintas partes del cuerpo a través del tronco del encéfalo y armonizadas por el cerebelo. A medida que este engranaje se perfecciona, la cognición fluye sin esfuerzo.

La motricidad, el equilibrio y la propiocepción son la trama sobre la que aprende a organizarse el pensamiento. Un niño que puede controlar su cuerpo, anticipar el movimiento y orientarse en el espacio puede también examinar una idea, prever una consecuencia y dirigir su pensamiento. Su sistema nervioso aprende a mantener el equilibrio en el exterior para, poco a poco, mantenerlo también en su interior.

Del control a la intención (entre el tercer y el sexto mes)

A partir del tercer mes, el bebé deja atrás la inestabilidad de las primeras semanas. Con el avance de su mielinización, las conexiones recién creadas ganan eficiencia, de manera que la corteza cerebral empieza a asumir un control que antes recaía de manera exclusiva en el tronco, y esta modificación supone cambios visibles. A medida que se debilitan, los reflejos neonatales ceden protagonismo a los primeros movimientos voluntarios, más firmes y organizados. El bebé usa el entorno como campo de oportunidades donde ensayar sus acciones y transforma su cuerpo en el principal instrumento cognitivo para lograr sus propósitos.

El sostén cefálico es un logro muy importante con el que inicia la conquista de la verticalidad. Rechaza estar tumbado, el techo carece de interés para él. En cambio, en brazos de su madre puede mantener la cabeza erguida y su percepción se expande; rostros, sombras y objetos se le aparecen desde nuevos ángulos. Al controlar el movimiento de su cabeza, puede girarla hacia el sonido, seguir la trayectoria de los objetos y dirigir la atención hacia lo que le interesa. Antes, cada vez que la cabeza caía hacia un lado todo se desordenaba: la vista, el equilibrio, la postura. Ahora, al poder mantenerla levantada unos segundos no pierde la referencia del espacio y eso le permite empezar a integrar la información que le proporcionan sus sentidos para, por ejemplo, descubrir la relación entre movimiento y sonido —el ruido de una puerta que se cierra o el del pasar las páginas de un libro—. A su vez, fijar la mirada durante más tiempo le ayuda a mejorar la coordinación entre ojos y manos. En definitiva, el sostén cefálico facilita la observación del entorno y la predictibilidad de sus propios movimientos, por lo que empieza a reaccionar de manera orientada.

«Aguanto la cabeza y todo se queda en su sitio»

El control postural continúa en descenso por la columna, la mielinización avanza y el tono del torso se fortalece. Al ganar fuerza, el bebé ensaya nuevos movimientos.

Descubre que, estando boca arriba, puede impulsarse para volverse de lado y, a base de repetirlo, consigue voltearse por completo. Boca abajo nota que el suelo presionando su pecho no se siente igual que tendido de espaldas, también la percepción de lo que ve, oye o toca se modifica con cada giro estos cambios de postura le permiten comparar sensaciones, ajustar la posición de sus brazos y anticipar el movimiento.

Con el progresivo control de su cuerpo, el espacio deja de ser estático y, al ganar autonomía, intenta alcanzar las cosas por sí mismo en vez de que sea la voluntad del adulto la que las haga aparecer y desaparecer. También llama su atención la forma, la textura y el sonido de un objeto al golpearlo. Lo mira, lo toca, lo mueve y, por primera vez, establece una relación entre movimiento y percepción: el núcleo del aprendizaje motor. Descubre que, al cambiar de postura o desplazarse, la información que recibe su sistema nervioso varía, y va registrando cada nueva experiencia para utilizarla más adelante.

«Si me doy la vuelta, todo se ve distinto...
giro yo y cambia el mundo»

La desaparición del reflejo palmar es el primer hito hacia la extraordinaria capacidad manipulativa humana. Lejos aún de poder individualizar el movimiento de los dedos para formar la pinza, el hecho de ser capaz de abrir y cerrar el puño a voluntad permite al bebé llevar el sentido del tacto a otro nivel. Para alcanzar un objeto, debe primero calcular la distancia y determinar su posición con la vista, planificar el movimiento del tronco y del brazo y abrir la mano para cogerlo. Mientras se estira, se aprecian gestos entrecortados, pequeñas correcciones a lo largo del recorrido, porque aún se está calibrando la coordinación óculo-manual. Con este torpe afán inicial, el bebé empieza a activar los circuitos que participarán en el complejo gesto de la pinza fina. Al atrapar el objeto en su palma nota su peso, temperatura y textura, e inmediatamente se lo lleva a la boca, porque su sensibilidad oral es finísima y busca comparar estas sensaciones con las manuales. Con todos estos datos su cerebro saca conclusiones: esto se mueve, esto suena, esto cambia cuando lo aprieto. Estas sensaciones le enseñan cómo están hechos los objetos y cómo responde su cuerpo frente a ellos, y cada vez que repite un gesto incorpora nuevos datos.

El tacto, tanto el oral como el palmar, se integra con la vista, la propiocepción se entrena y todo ello contribuye a mejorar su estabilidad. El cerebro empieza a relacionar lo que ve con lo que toca y, al controlar mejor la postura, el sistema nervioso del bebé puede dedicar más recursos a la atención. Al ganar estabilidad corporal libera actividad cortical, con lo que mejora la capacidad de fijarse en rostros, objetos o trayectorias.

«Si abro las manos, puedo hacer cosas»

Hasta los tres meses de vida, el mundo del bebé gira en torno a miradas, caricias, sonidos y otros estímulos que le llegan sin buscarlos. Su movimiento surge más de los automatismos provocados por las sensaciones que del deseo de explorar. Por eso resulta tan revelador el trabajo de los psicólogos estadounidenses Klaus Libertus y Amy Needham. Sospechaban que aprender a coger un objeto aumenta la curiosidad del bebé por las cosas y que, a la par, se vuelve más receptivo a las caras.

Para comprobarlo, entrenaron a dos grupos de bebés de tres meses durante dos semanas. En uno debían esforzarse para alcanzar los juguetes y manipularlos. En el otro, la experiencia era pasiva, pues se los colocaban directamente en la mano. Al terminar, compararon su manera de mirar caras y objetos con la de otros bebés de tres y cinco meses que no habían recibido ningún tipo de entrenamiento.

Los resultados fueron tan claros como sorprendentes. Los niños que habían explorado activamente atendían a los rostros con más frecuencia que a los objetos, y esa preferencia aumentaba cuanto más intensa había sido su participación motora. En cambio, quienes habían vivido la experiencia pasiva no mostraban esa inclinación hacia lo social. El hecho de manipular objetos les despertaba un interés especial por las caras, como si la experiencia motora marcara el camino de la atención hacia lo que, con el tiempo, centrará su vida emocional.

Este ensayo revela el estrecho nexo que hay entre movimiento, atención y vínculo, un circuito temprano donde acción y relación empiezan a articularse. A los tres meses, antes incluso de sostener firme la cabeza o de comprender lo que ve, el bebé intuye que el mundo —y las personas que lo habitan— responde a sus gestos. Una revelación que nace de una experiencia motriz tan primaria como alcanzar un objeto y que transforma la manera en que atiende a las caras que lo miran. A través de esta conexión entre movimiento y atención comienza a esbozarse su forma de estar con los otros.

«Cuanto mejor se me da tocar cosas, más quiero mirar caras»

El vínculo afectivo, tan decisivo en estos primeros meses, es una plataforma desde la que explorar. El bebé busca la mirada del adulto, reacciona ante su voz y espera respuesta. De esta manera rudimentaria, inicia la atención conjunta. Aun sin señalar ni comprender los gestos, ya se orienta hacia lo que mira o menciona la figura de referencia.

Protesta cuando no le hacen caso, sonríe con mayor facilidad y la interacción social se fortalece cuando el otro le devuelve la sonrisa. Ese gesto compartido activa sus circuitos de recompensa y, con cada encuentro, la emoción y la atención se regulan mutuamente. Además, estos intercambios favorecen la aparición de las vocalizaciones recíprocas. Alrededor de los cuatro meses, el bebé contesta con sus sonidos característicos —«agu-e, gae, ajo...»— al adulto que le habla. Entre miradas, sonidos y repeticiones, el bebé descubre que el otro responde, que puede entablar una conversación, y esta idea refuerza su vínculo con el adulto.

«Si me sonríes, te sonrío. Hazme caso, es divertido»

Una vez más, el entorno es decisivo. No son necesarios estímulos extraordinarios ni dispositivos sofisticados, basta un espacio seguro donde moverse y un adulto que le acompañe sin forzar.

Superficies firmes en las que pueda girar, estirarse o elevar el pecho; objetos simples que pesen, suenen o rueden; brazos que lo alcen para mirar alrededor. Hay que recalcar que en un entorno predecible y que responde con sensibilidad, el bebé expresa su curiosidad, ensaya más movimientos, más miradas y más sonidos.

Hacia los seis meses, ya ha consolidado muchas de estas conductas: se mantiene sentado con apoyo, gira con facilidad, coge objetos con ambas manos, vocaliza con variedad y anticipa la respuesta del adulto. Su cuerpo deja de responder de forma automática a los estímulos y se convierte en un medio para conseguir cosas. Empieza a actuar sobre el mundo con intención. De manera inconsciente, mientras acumula experiencias, su sistema nervioso las organiza para calcular, comparar y corregir sus próximas acciones. Todos estos avances motores proporcionan nuevos recursos cognitivos, la experiencia sensorial amplía su comprensión y la relación con el adulto orienta su atención y modula sus emociones.

Neurobiológicamente, esto significa que la corteza motora, las vías sensoriales y los sistemas subcorticales —cerebelo, tronco y médula— ya trabajan en coordinación suficiente para producir secuencias de acción dirigidas a un fin, aunque aún de forma inestable.

Recomendaciones prácticas. Permitir la iniciativa

La intención en la conducta del bebé va surgiendo de forma sutil y se aprecia a medida que el movimiento deja de ser una reacción al estímulo. Es la señal de que las conexiones de la corteza sensorial y motora están multiplicándose a buen ritmo y empiezan a mielinizarse. La ventana de oportunidad se ha abierto, así que es el momento de aprovecharla.

ÁREA	ACCIONES	EN CONCRETO
Sensorial	Facilitar la propiocepción. Crear oportunidades para que el bebé perciba límites y apoyos corporales.	• Prendas que permitan libertad de movimiento. • Evitar contenciones prolongadas. • Tiempo diario en superficies amplias donde pueda empujar con pies y manos para ajustar la fuerza.
	Exponer al bebé a variaciones controladas de posición para que desarrolle su equilibrio.	• Mecerlo suavemente en distintas direcciones mientras se mantiene el contacto visual.

		• Realizar desplazamientos lentos al cogerlo en brazos para que distinga cambios de aceleración y gravedad.
Motricidad postural	Favorecer el control cefálico y la exploración postural.	• Coger al bebé en brazos en posición vertical varias veces al día para permitir cambios espontáneos de orientación de la cabeza. • Alternar posiciones boca arriba y boca abajo en periodos cortos, siempre supervisados.
	Facilitar giros y desplazamientos iniciales.	• Diversificar las superficies seguras (mantas, colchonetas firmes) para variar la presión corporal y permitir comparar sensaciones. • Ofrecer objetos visibles a ambos lados del cuerpo para estimular el volteo.
	Facilitar la exploración autónoma. Dar libertad de movimiento sin interferencias innecesarias.	• Evitar el uso prolongado de dispositivos que limiten la postura (hamacas, sillas, nidos).

		• Permitir que los movimientos torpes se repitan y se ajusten sin corregirlos de forma inmediata.
Motricidad manipulativa	Impulsar la coordinación óculo-manual emergente.	• Situar objetos ligeros a una distancia que requiera extender el brazo sin causar frustración. • Ofrecer objetos de diferentes texturas y temperaturas que enriquezcan la comparación sensorial cuando el bebé se los lleve a la boca.
Integración sensorio-motora	Relacionar vista, tacto y propiocepción en actividades simples.	• Colocar objetos que produzcan un leve sonido al moverlos para que el bebé descubra la relación entre acción y consecuencia. • Asegurarse de que puede ver su mano cuando la mueve, facilitando la coordinación bilateral emergente.
	Ayudar al bebé a anticipar la relación entre postura y percepción.	• Presentar objetos desde diferentes alturas y ángulos para que el sostén cefálico emergente se vincule con la orientación visual.

		• Desplazar lentamente un objeto de un lado a otro para entrenar el seguimiento.
Comuni-cación temprana	Estimular la reciprocidad en los intercambios cotidianos.	• Responder a sus miradas, gestos y vocalizaciones como si fuesen el inicio de un diálogo. • Hablarle cerca y mirándole a la cara, esperar sus vocalizaciones, repetirlas y dejar pausas claras. • Usar prosodia natural sin exageraciones.
Atención y regulación	Ofrecer un entorno estable y predecible para que el cerebro clasifique señales.	• Mantener rutinas sencillas en el momento de juego en el suelo: mismo lugar, misma luz y pocas distracciones para permitir que el bebé compare variaciones sensoriales sin saturación. • Continuar con ambientes diurnos y nocturnos diferenciados que facilitan alargar el sueño nocturno.
Vínculo y aprendizaje motor	Acompañar con presencia física que regule el tono y favorezca la atención.	• Colocar las manos del adulto bajo la espalda o el pecho del bebé durante la postura

		boca abajo para facilitar la elevación inicial. • Acompasar la voz o el canto a sus movimientos para reforzar la predictibilidad.

Del movimiento al pensamiento (entre los seis y los nueve meses)

Con la aparición de la intención, el aprendizaje regulatorio va dejando espacio al exploratorio. La práctica refuerza la formación y posterior mielinización de las conexiones sensorio-motoras. Las vías nerviosas se vuelven más eficaces, transmiten la información a mayor velocidad y mejor integrada y eso se aprecia en que los movimientos resultan más coordinados, las respuestas más apropiadas y la atención más estable. El bebé sigue ajustando sus ritmos internos a las señales externas, pero con mayor libertad para dirigirse hacia lo que le interesa. Su mirada elige qué descubrir y alcanzar y sus avances biomecánicos multiplican las oportunidades de aprender.

Con seis meses ya se mantiene sentado con apoyo y esta verticalidad transforma su visión. Erguido, puede dirigir la vista al horizonte, observar rostros y objetos y descubrir distancias y posiciones. Se inclina, se endereza y estira los brazos sin perder la postura, porque la coordinación entre la propiocepción y la visión es cada vez más precisa. Por otra parte, las repeticiones refuerzan las sinapsis que son útiles y debilitan las que no. Tras unas semanas de pruebas, se sienta sin apoyo y entonces sus manos se liberan por completo.

«Sentado, miro lejos y toco lo que tengo cerca»

Como ya es capaz de agarrar y soltar, examina los objetos con verdadera intención. Los gira o los pasa de una mano a otra mientras calcula la distancia y fuerza que necesita. La exploración oral no desaparece, porque comparar sensaciones le proporciona una fuente de información riquísima. Mientras sigue la caída de un objeto, golpea dos piezas y diferencia formas y sonidos, afina la coordinación óculo-manual, lo que facilita que surjan las primeras relaciones causa–efecto: «Si hago esto, ocurre aquello».

La progresiva integración de la corteza motora y sensitiva aumenta la precisión manual y, hacia los nueve meses, aparece una pinza rudimentaria. Al oponer el pulgar a los otros dedos, puede manipular objetos de menor tamaño y mediante la repetición, estas conexiones se consolidan y sus movimientos ganan control. Además, sus pequeños triunfos avivan su curiosidad.

«Toco, chupo, miro, oigo... descubro lo que tengo entre las manos»

Su creciente estabilidad postural incrementa su atención, observa con más precisión y descarta lo irrelevante. Concentrado, repite secuencias que alimentan su intuición causal: golpea, deja caer o rueda un objeto y, a través de la observación, deduce patrones, sabe qué va a suceder y lo espera. Hay que hacer hincapié en que este razonamiento predictivo surge gracias a que la información sensorial se coordina cada vez más con su motricidad.[18] Adivina trayectorias, espera el final de un gesto, busca un objeto que rueda fuera de su alcance y protesta cuando desaparece.

Esa capacidad para prever lo que viene lo lleva a un hallazgo fabuloso: «la permanencia del objeto». No lo ve, pero sabe que sigue ahí y esta revelación va a cambiar su mundo emocional por completo.

«Estoy atento, sé lo que va a pasar, busco lo que desaparece»

Si los objetos no se esfuman, las personas tampoco. Aunque se alejen, siguen ahí. Pero su marcha le genera un desasosiego nuevo que revela una memoria más estable y una vida afectiva que gana profundidad. Ahora echa de menos a su madre o a su padre, llora cuando desaparecen de su vista y celebra cada regreso.

Su creciente capacidad de observar y recordar le permite distinguir los rostros familiares de los que no los son y muestra cautela ante extraños. Por eso mira a su madre para saber cómo reaccionar. Si ella sonríe, él también y se acerca. Si percibe duda o preocupación, se queda serio y se retira. Es el inicio de la referencia social, la busca de ayuda para orientarse a través del gesto del otro, y de este intercambio con el adulto nace enseguida el deseo de compartir. Entre los siete u ocho

18. Las redes frontoparietales aumentan sus conexiones.

meses levanta un objeto para mostrarlo y alterna su mirada entre el adulto y el objeto, pidiendo complicidad en su descubrimiento.

«Mírame, así sé que todo está bien»

El bebé explora con más iniciativa cuando el adulto está disponible y responde. Entonces repite acciones, espera la respuesta siguiente y participa en la atención conjunta —cuando el adulto señala algo él lo mira, aunque todavía no entienda por completo el gesto—. La coordinación entre sus áreas visuales, auditivas, motoras y sociales permite estas primeras formas de comunicación, todavía sin palabras.

La imitación, que comenzó con la sonrisa social, continuó con las vocalizaciones recíprocas y luego con la repetición de gestos, se apoya ahora en la anticipación y, así, sigue el ritmo de una canción o de una voz familiar a cuyo son balbucea. De forma progresiva sus vocalizaciones se organizan hasta que, hacia los nueve meses, logra encadenar sílabas repetidas como «ba-ba-ba» o «da-da-da». No tienen aún significado para él, pero revelan que las conexiones implicadas en el lenguaje se están especializando y que el intercambio se acerca cada vez más a un diálogo.

Al final de este periodo empieza a anticipar el significado de las rutinas —baño, cena, cuento, cuna— y su reiteración facilita que algunas palabras habituales empiecen a tener sentido.

«Miro lo que miras, hablo si me hablas, contigo entiendo el juego»

Mencionábamos antes que moverse es aprender.

Con el inicio del giro, hacia los cuatro meses, surge un desplazamiento rudimentario, que gana soltura con la repetición: rueda, se impulsa hacia atrás o hacia los lados... Y en cada posición tiene que recalibrar la vista, el equilibrio y la propiocepción.

Entre los siete y ocho meses domina los giros y cambia de postura con facilidad. Estos movimientos, que parecen casuales, le permiten comparar percepciones y le facilitan un movimiento más variado del tronco que activa los sistemas del equilibrio. Gracias a ello consigue que el tono postural se ajuste en sus hombros y caderas y así, pronto logra apoyarse en manos y rodillas durante unos instantes y enseguida se balancea, un entrenamiento constante para medir fuerzas y estabilidad.

Hacia los nueve meses se impulsa y avanza unos centímetros, un logro enorme, pues ya no necesita esperar al adulto para alcanzar lo que quiere. Gatee o no después, este trabajo previo favorece el desplazamiento posterior.

«Mientras giro, me muevo y pruebo posturas descubro por dónde ir»

Alimentación, sueño y construcción cerebral

Toda esta actividad motora, la construcción de la corteza cerebral que la sustenta y el crecimiento corporal acelerado requieren mucha energía.

Si bien la lactancia, materna o de fórmula, sigue siendo la base de su alimentación, a partir de los seis meses conviene añadir pequeñas porciones de comida blanda y variada. El hecho de introducir estos alimentos de forma gradual, repartidos a lo largo del día y atendiendo a las señales de hambre y saciedad del bebé, favorece la autorregulación de la ingesta. Con la progresiva mielinización, la corteza guía al tronco en la regulación de los ritmos internos, que cada vez se vuelven menos automáticos y más dependientes de la voluntad. Por tanto, acompañar en la gestión de este cambio, sin forzar, pero sin dejarlo al completo capricho del niño, facilita el aprendizaje de la autorregulación, que se asocia con un descanso más estable y un mejor crecimiento a largo plazo.

Entre los seis y los nueve meses el sueño cambia. El bloque nocturno se alarga, las siestas diurnas se vuelven más predecibles y el ritmo circadiano adquiere una mayor estabilidad. Aun así son habituales uno o dos despertares nocturnos, que responden menos al hambre y más a la necesidad de compañía, a pequeños cambios de rutina o a los hitos motores que el bebé está conquistando.

Al alcanzar los nueve meses, el avance en la integración sensorial y motora permite organizar mejor la acción. Con la activación de circuitos implicados en el lenguaje y el pensamiento causal, la atención se vuelve más selectiva y la relación con el adulto gana reciprocidad, lo que estimula su deseo de explorar. Progresos que se alimentan mutuamente y facilitan que comprenda, actúe y explore con creciente autonomía.

Recomendaciones prácticas. Activar la anticipación

El bebé empieza a notar cierto orden en lo que ocurre a su alrededor, gestos que se repiten, respuestas que siguen siempre a la misma señal... Una regularidad que parece dar sentido a las acciones. Así pues, para reforzar su intuición, conviene avivar sus expectativas.

ÁREA	ACCIONES	EN CONCRETO
Sensorial	Ajustar el entorno a la capacidad de integración del bebé.	• Evitar estímulos simultáneos: si el adulto habla, bajar ruidos de fondo; si el bebé explora un objeto, no ofrecer otros a la vez. • Facilitar el contacto visual cerca del rostro, con voz pausada y gestos claros.
	Favorecer la coordinación entre vista, tacto y oído.	• Presentar objetos con propiedades variadas (peso, sonido, textura). Evitar los pequeños con que pueda atragantarse. • Dar dos piezas fáciles de sujetar y esperar que descubra el sonido al chocarlas. • Describir en voz alta lo que el bebé está haciendo sin dirigirlo.

	Ofrecerle facilidades para explorar posiciones variadas que le permitan comparar sensaciones.	• Usar superficies firmes que le permitan girar y apoyarse. • Evitar dispositivos que lo inmovilicen largos periodos.
Motricidad postural	Favorecer la postura sentada.	• Primero con apoyo: colocarlo en lugares seguros con un sostén en su espalda, evitar que los brazos queden atrapados.
	Facilitar la exploración autónoma. Acompañar sin invadir.	• Dar tiempo antes de intervenir, permitir esfuerzos breves para coger un objeto o girarse, reforzar su iniciativa con mirada atenta más que con instrucciones.
	Cuando consiga la sedestación sin apoyo, favorecer y estimular sus movimientos.	• Dejarlo libre en el suelo o en un parque. • En entornos seguros, evitar sillas con contención para favorecer sus esfuerzos de desplazamiento.
Motricidad manipulativa	Fomentar movimientos que relacionen percepción y acción.	• Colocar objetos simples a distancias alcanzables, permitir que los manipule a su ritmo y explicar en voz alta lo que hace sin dirigirlo.

	Alternar el tamaño y la resistencia de los objetos para que ajuste la fuerza y mejore la precisión del agarre. Objetos que cambian de forma o sonido al tocarlos fortalecen su intuición causal.	• Ofrecer objetos grandes y livianos (pañuelos, piezas blandas) y otros pequeños pero seguros (tapas grandes, aros gruesos) que requieran variar la apertura de la mano. • Esponjas que se comprimen, sonajeros suaves, piezas que crujen al apretarlas; dejar que descubra qué ocurre con cada gesto.
	Ofrecer objetos que requieren ambas manos a la vez promueve la planificación gestual. Fomentar el traslado de objetos entre manos.	• Aros grandes, libros de cartón que necesiten dos manos para abrirse, pelotas blandas que debe sujetar desde dos lados. • Sujetar un objeto delante del centro del cuerpo para animarle a cogerlo con una mano y pasarla a la otra.
Comunicación temprana	Facilitar que siga la mirada y el gesto del adulto para estimular la atención conjunta incipiente.	• Mostrar un objeto, esperar a que lo observe y alternar miradas. No saturar con varios estímulos a la vez.

	Incorporar gestos simples que el bebé pueda imitar.	• Aplaudir despacio, hacer un gesto con la mano, sacar la lengua, y darle tiempo para que intente repetirlo.
	Vocalizar con ritmo y pausas que faciliten turnos. El bebé organiza sus primeras formas de comunicación a partir del modelo adulto.	• Hablarle con frases cortas, usando una cadencia clara que marque «te hablo-te escucho».
Vínculo y aprendizaje	Usar la referencia social para orientar su exploración. A esta edad mira la expresión del adulto para decidir cómo actuar.	• Si se acerca a algo nuevo, mirarlo con gesto calmado y voz serena. Si duda, ofrecerle una sonrisa para que se sienta seguro.
	Reforzar su iniciativa mostrando interés real. Responde más cuando siente que el adulto se implica en su descubrimiento.	• Cuando alza un juguete para enseñarlo, hay que nombrarlo y describir brevemente su acción: «Lo has encontrado, lo estás moviendo».
	Compartir y celebrar pequeñas expectativas. El bebé empieza a anticipar turnos y respuestas.	• Antes de darle un objeto, decir «allá va» y esperar a que abra la mano; celebrar con una sonrisa cuando lo intenta.

Atención y regulación	Convertir las rutinas en anclajes estables.	• Mantener horarios estables y repetir gestos para anunciar baño, comida o descanso. • Responder de la misma forma ante señales similares para reducir incertidumbre.

HACIA LA MARCHA AUTÓNOMA (ENTRE LOS NUEVE Y LOS QUINCE MESES)

El bebé de nueve meses ya ha dejado atrás su torpeza inicial y los reflejos que dominaban sus primeros gestos se han extinguido; se sienta estable, gira y cambia de postura sin dificultad. Aunque la pinza manual es aún rudimentaria, puede explorar con más precisión. Gracias a una integración sensorio-motora más afinada, sus movimientos se vuelven más elaborados y surge la planificación para lograr sus objetivos. Además, su capacidad predictiva y la comprensión de la permanencia del objeto se consolidan, y así se preparan las bases del pensamiento operativo y de las emociones más complejas. Entiende que puede reclamar la presencia del adulto con sus vocalizaciones y compartir experiencias con la mirada.

La mielinización de la corteza sensorial y motora, junto a la integración de la información —propioceptiva, visual y vestibular (del equilibrio) guiada por un cerebelo más maduro—, explica que el bebé ya pueda separar los movimientos del tronco de los de las extremidades.

Con esta habilidad, que adquiere entre los nueve y los diez meses, su cuerpo deja de moverse en bloque y puede rotar el tronco sin que brazos y piernas lo sigan. Así logra cambiar la dirección del cuerpo mediante movimientos más complejos para apoyarse en un mueble, arrodillarse o levantarse. También el movimiento de sus dedos se irá disociando y poco a poco los moverá de forma individual para hacer más minuciosa su exploración. Por ejemplo, mete su índice en los agujeros y consigue oponerlo al pulgar formando una pinza fina de alta precisión que dispara su aprendizaje.

Sujeto a un apoyo firme, entrena la combinación de posiciones necesarias para la bipedestación: flexiona las rodillas, empuja con brazos y piernas y se pone de pie. La primera vez el gesto es torpe, fugaz, casi accidental, pero enseguida comprende la relación entre fuerza, equilibrio y postura. Su cerebro recibe un aluvión de señales del aparato vestibular y de la propiocepción que tiene que interpretar a toda velocidad. Pero la verticalidad le seduce, amplifica su campo de visión y un entorno estimulante se abre ante él: nuevas distancias, otras alturas, distintas perspectivas. La motivación por desplazarse aumenta y muestra un interés especial por los objetos que están en alto, así que ensaya una y otra vez —de sentado a cuadrupedia, de cuadrupedia a arrodillado, de arrodillado a de pie— y de este modo se fortalecen los circuitos que comparan señales visuales, somáticas y vestibulares. Así, calcula distancias, busca un apoyo, gira el cuerpo, separa más los pies para no caerse y se estira para tomar los objetos con delicadeza entre dos dedos.

Ahora la motricidad fina y la postural trabajan en equipo, coordinadas por una corteza cerebral cada vez más especializada.

Estas conductas son consecuencia de la rápida mielinización de las grandes autopistas motoras. Durante el primer año de vida progresa la mielinización del tracto cortico-espinal —que lleva la información de la corteza motora a la médula— y de los haces que cruzan el cuerpo calloso —la estructura que conecta ambos hemisferios cerebrales entre sí, la derecha con la izquierda y viceversa—. Así mejora la velocidad y la precisión con las que la corteza motora controla los músculos del tronco y las extremidades. Esta organización de la sustancia blanca y el refinamiento de las conexiones cerebelo-corticales permite al bebé ajustar su postura al milímetro, cuando se eleva, se inclina o corrige una pérdida de equilibrio.

«Me gusta estar de pie, ¡veo muchas más cosas!»

La verticalidad lo entusiasma, pero la pelvis aún no tiene fuerza suficiente para sostenerlo y caminar. A la espera del tono muscular que lo permita, su deseo de alcanzar objetos lejanos se une a la nueva capacidad de alternar el movimiento de tronco, brazos y piernas para descubrir el gateo. Esta es la forma más habitual de desplazamiento autónomo inicial, pero no universal, así que su ausencia no implica patología. Algunos niños prefieren el culeo, otros menos el rastreo y una minoría echará a andar sin más. Todas estas formas de desplazamiento exigen alternar el avance del brazo de un lado con la pierna del contrario, estabilizar el tronco y sincronizar la mirada. Este patrón cruzado activa redes que participarán en el equilibrio dinámico de la marcha.

Al desplazarse con más eficiencia, mejora su anticipación. Por ejemplo, persiguiendo un objeto que desaparece de su vista lo encuentra oculto bajo un mueble y ese hallazgo le enseña a intuir trayectorias. La exploración gana propósito y afina la memoria espacial, porque cada desplazamiento le permite comparar lo que ve con lo que espera encontrar. Además, para confirmar sus interpretaciones, muestra al adulto sus descubrimientos y esto consolida la atención conjunta como medio de aprendizaje. El niño observa, imita, espera, responde, se da cuenta de que puede usar gestos para ofrecer o pedir objetos y organiza así su lenguaje. Las sílabas encadenadas de los nueve meses —«ma-ma-ma, pa-pa-pa, ta-ta-ta»— se vuelven más variadas y pronto adquieren significado porque la anticipación de las rutinas le permite comprender las palabras que se repiten a diario.

«Sé a dónde voy y te lo enseño»

Con diez o doce meses este desplazamiento inicial que le da autonomía, y a menudo rapidez, le impide ver el mundo en vertical. Sabe dar pasos, pero su caminar es inestable y se cae. Debe aprender a prever cómo se desplaza su centro de gravedad, ajustar la base de apoyo y confiar en que podrá recuperar el equilibrio tras cada paso. En esta encrucijada, entre ver bien o avanzar rápido, el niño resuelve caminar cogido a lo que encuentra, ya sean muebles, objetos o personas. Así agarrado, cambia el peso de pie, flexiona las rodillas, avanza la cadera y reorganiza brazos y tronco mientras mantiene la atención en su próximo apoyo.

Poco después se atreve a soltar una mano, luego las dos. Da un paso, pero se cae. Ensaya de nuevo hasta darse cuenta de que la clave está en asumir y gestionar un pequeño desequilibrio: dejarse caer hacia delante con control. La práctica refuerza y estabiliza los circuitos sensorio-motores, que se vuelven más rápidos y ágiles. Un día, marcado en el calendario de sus padres, consigue dar unos pasos sin apoyo. Lo parece, pero la marcha no ha surgido de golpe, es la suma de todos estos pequeños reajustes que el cerebro automatiza lentamente.

Ahora sí alcanza su autonomía plena, que será decisiva para inaugurar una forma nueva de pensamiento, de estar en el mundo.

«Me da miedo caerme, pero con cuidadito doy pasos»

Entre los once y los catorce meses, con la marcha recién estrenada, elige a dónde ir y cuándo detenerse. Sus pasos aún son inseguros, pero al no necesitar sostenerse, sus manos quedan libres para asumir su papel exploratorio y comunicativo. Manipula con más detenimiento —da, toma y comparte objetos—, usa el dedo índice para examinar y señalar con más precisión. Apunta a un objeto y comprueba si el adulto también lo mira y se lo nombra, investiga cómo funciona la interacción social y emocional. La posibilidad de acercarse o alejarse por iniciativa propia profundiza estas pesquisas relacionales y busca en el rostro que conoce la expresión de entusiasmo, temor o sorpresa que interprete cada uno de sus logros para adaptar sus respuestas. En los gestos del otro aprende a asociar lo que ve con lo que siente y con lo que el adulto entiende.

La coherencia entre circuitos sensorio-motores, fronto-parietales y sociales crece cuanto más manipula, señala y comparte. Esto acrecienta la eficacia con que su cerebro integra la información, mejora su capacidad de atender, de planificar y de comprender las intenciones ajenas. Habilidades cognitivas emergentes que dan paso a las primeras vocalizaciones con sentido, gracias a los gestos que acompañan a las palabras y los intentos de clasificar lo que antes sólo señalaba.

Todos estos avances motores, comunicativos y emocionales modifican la manera de alimentarse y también el sueño del bebé.

La alimentación complementaria adquiere un papel central. Capaz de sentarse con firmeza, explora texturas y sabores, manipula los alimentos y regula mejor su ritmo de ingesta. El funcionamiento integrado de la corteza facilita el reconocimiento de las señales internas de hambre y saciedad, y las rutinas estables permiten establecer hábitos.

El sueño sigue cambiando. Continua la prolongación del bloque nocturno con siestas más cortas. Suele despertarse una o dos veces, en especial cuando alcanza nuevos hitos motores o hay pequeños cambios en las rutinas, debido a la excitación de un sistema nervioso que está consolidando aprendizajes. La presencia calmada del adulto y un entorno estable ayudan a retomar el sueño sin dificultad.

A medida que se acerca la marcha autónoma, el bebé tolera mejor los intervalos entre comidas, mantiene horarios más regulares y comprende con claridad las señales que anuncian el descanso —luz tenue, baño—. La forma en que se ajustan su alimentación, su descanso y su actividad motora impulsa la autonomía que está adquiriendo y se refleja en una mayor agilidad, un sueño más estable y una relación con la comida más intencional.

Al final de este tiempo, entre los doce y los quince meses, el bebé ha consolidado tres logros que reorganizan su neurodesarrollo: integra sus sentidos y su postura en un sistema capaz de orientar la acción con precisión; expresa intención comunicativa con la mirada, la mano y la voz; y alcanza una autonomía que le permite explorar el entorno por decisión propia. La marcha es la forma visible de esta triple maduración y la base de un pensamiento más elaborado.

Recomendaciones prácticas. Liberar el movimiento

El entorno del bebé puede acompañar este momento con gestos simples y bien elegidos.

ÁREA	ACCIONES	EN CONCRETO
Integración sensorial y equilibrio	Facilitar apoyos firmes a distintas alturas para entrenar la bipedestación y el ajuste del equilibrio.	• Muebles estables y pesados, fijados a la pared cuando sea necesario, a la altura de sus manos. Colocar estos apoyos de manera que pueda ir de uno a otro sin huecos peligrosos. • Evitar andadores con ruedas u otros dispositivos que aceleren la marcha sin exigir control postural ni visual del entorno.

Motricidad postural	Ofrecer un espacio amplio y seguro para practicar cambios posturales y los primeros desplazamientos autónomos.	• Mantener zonas despejadas de muebles bajos inestables, alfombras que se arruguen u objetos pequeños. • Preparar un espacio de juego en el suelo donde pueda pasar de sentado a cuadrupedia, arrodillado y de pie sin interferencias. • Permitir que se desplace gateando, arrastrándose o culeando sin corregir la forma, siempre que el entorno sea seguro.
	Diseñar juegos que inviten a desplazarse buscando objetos que desaparecen y reaparecen.	• Hacer rodar pelotas u objetos seguros que se oculten parcialmente bajo muebles accesibles para que los persiga gateando. • Esconder un juguete conocido en un lugar cercano y animarle a encontrarlo mientras se mueve por la habitación. • Mantener la disposición de los espacios de juego para que pueda anticipar dónde suele estar cada cosa.

Motricidad manipulativa	Proponer objetos pequeños pero seguros que obliguen a usar la pinza fina y coordinar mano, vista y postura.	• Ofrecer piezas de tamaño suficiente para evitar el riesgo de atragantamiento, pero que pueda tomar entre pulgar e índice y soltar con precisión. • Variar texturas, formas y posiciones colocando algunos objetos en alto para que deba estirarse de pie con apoyo. Usar libros de cartón, encajes grandes y recipientes que pueda abrir, llenar y vaciar.
Comunicación y lenguaje	Nombrar con palabras claras sus desplazamientos, gestos y lo que señala.	• Cuando señale o mire un objeto, seguir su mirada, nombrarlo y describir con frases breves lo que hace. • Responder cuando ofrece o pide un objeto con la mano, aceptándolo, devolviéndolo y poniendo palabras al intercambio. • Usar rutinas verbales repetidas antes de acciones diarias como baño, comida, paseo y descanso para que vaya asociando palabras, gestos y consecuencias.

Vínculo y aprendizaje	Convertir su nueva capacidad de acercarse y alejarse en un juego compartido que refuerce la referencia social.	• Hacer que se separe unos metros y vuelva buscando la mirada del adulto, responder con gestos y palabras que validen su iniciativa. • Aceptar que traiga objetos para enseñarlos, mirarlos con interés y comentar brevemente lo que ha descubierto. • Mantener una expresión calmada ante situaciones nuevas para que el rostro adulto sea su guía emocional.
Alimentación, sueño y ritmos	Ajustar la organización de comidas y descanso al aumento de autonomía motora y atencional.	• Sentarlo en la mesa familiar, permitir que manipule alimentos con las manos y se tome pausas breves entre bocados. • Mantener horarios regulares de comidas y siestas, anticipados con pequeñas rutinas predecibles: luz tenue, baño, cuento, canción. • En los despertares nocturnos, ofrecer calma y coherencia en las respuestas.

Lo que una avispa enseñó a la ciencia sobre el neurodesarrollo humano

El reflejo de la marcha se desencadena al sostener al recién nacido en vertical apoyado sobre sus pies. En esta postura alterna el movimiento de sus piernas como si caminara, siguiendo un patrón rítmico e involuntario generado por los circuitos de la médula espinal, sin intervención de la corteza cerebral. Este automatismo sólo sucede durante los dos o tres primeros meses de vida y después desaparece.

Tradicionalmente, se atribuía la desactivación de los reflejos del recién nacido a la maduración cerebral, que definía el neurodesarrollo como una secuencia fija de hitos. Una explicación que no convencía a Esther Thelen (1941-2004). ¿Por qué íbamos a perder una habilidad que necesitamos luego para poder caminar? Esta contradicción la intrigaba tanto que la convirtió en objeto de sus investigaciones.

Thelen había estudiado zoología y su tesis doctoral trataba sobre el acicalamiento de *Bracon hebetor*, una pequeña avispa de los cereales. Según la teoría etológica clásica, debería observarse una secuencia estereotipada de movimientos de limpieza de antenas, patas y alas, un patrón fijo de acción, es decir, innato y siempre igual. Sin embargo, aunque la conducta era reconocible, Thelen comprobó que el orden, la duración y la intensidad de los movimientos cambiaban según el contexto, el estado del animal y su interacción con el entorno.

Fue un hallazgo clave que la llevó a pensar que la conducta no se ejecuta según un programa estricto, sino que se organiza y varía según las condiciones del momento. Si esto sucedía en animales con un sistema nervioso tan poco complejo como el de los insectos, ¿cómo iba a ser distinto en los bebés?

Resultaba poco plausible que el neurodesarrollo humano respondiera a esquemas rígidos, que fuera una sucesión de etapas fijas sin tener en cuenta el aprendizaje a través de la variación, el ensayo y el ajuste continuo.

Para poner a prueba esta idea, Thelen se centró en la paradoja del reflejo de la marcha. Si el bebé dejaba de «caminar» a los pocos meses, pero seguía pataleando con más fuerza cuando estaba tumbado boca arriba, el problema no podía residir en el circuito neural que genera el movimiento. Algo no encajaba en la explicación clásica, y para descubrirlo, analizó minuciosamente la actividad muscular mediante filmaciones detalladas. Así, fotograma a fotograma, comparó el patrón de pataleo espontáneo boca arriba con el de los pasos provocados en vertical, para comprobar con datos que ambos compartían claramente la misma organización básica. Sin lugar a dudas, se trataba del mismo reflejo expresándose en condiciones posturales diferentes, pero seguía sin tener claro el porqué.

Un día, mientras jugueteaba con un pequeño bote lleno de líquido, Thelen advirtió cómo el peso se redistribuía al cambiar de posición y alteraba el equilibrio del recipiente. ¡Ahí estaba la respuesta! En los primeros meses de vida, las piernas del bebé aumentan de masa más rápido de lo que ganan fuerza muscular, así que, puesto en pie, levantar ese peso contra la gravedad le resulta cada vez más difícil. Por eso el reflejo de la marcha no se observa, pero está. Para comprobarlo, metió a los bebés en agua tibia hasta la cintura, pues flotando en el agua las piernas pesaban menos y su fuerza muscular era suficiente para que el patrón de marcha apareciera. En efecto, el reflejo seguía ahí, lo que había cambiado eran las condiciones físicas del sistema.

Con este experimento, Thelen desmontó la idea de que el desarrollo motor avanzara por la simple sustitución de los reflejos primitivos por el control cortical y demostró que los circuitos básicos persisten, pero se reorganizan según cambian el cuerpo y el entorno. En conclusión, el reflejo de la marcha desaparece porque el sistema completo —masa, fuerza, postura y gravedad— se reajusta mientras la corteza toma el control.

Así, el neurodesarrollo deja de entenderse como una sucesión de hitos para concebirse como un proceso dinámico y continuo de reorganización, en el que cada nuevo logro motor transforma los anteriores. El movimiento del bebé es la clave para comprender cómo se construye su sistema nervioso.

A partir de este planteamiento, Thelen diseñó situaciones en las que la acción del bebé tenía consecuencias claras. Observó, por ejemplo, cómo modificaba sus movimientos al descubrir que podía accionar un móvil con los pies o cómo ajustaba el paso a la velocidad de una cinta rodante. Estos estudios mostraron que el bebé no se limita a moverse, sino que explora activamente sus posibilidades, compara resultados y luego selecciona las acciones más eficaces. El movimiento se revelaba así como una forma temprana de toma de decisiones.

Thelen también demostró que alcanzar un objeto requiere una coordinación progresiva entre postura, atención, memoria operativa y experiencia previa. El bebé conecta lo que acaba de hacer con lo que espera que ocurra, y afina la acción intento tras intento. En ese proceso se construyen funciones cognitivas básicas como la anticipación y la categorización.

De este modo formuló la idea central que atraviesa toda su obra: el neurodesarrollo no surge de un único factor ni sigue una línea recta, sino que emerge de la interacción entre cuerpo, experiencia, entorno y control neural. En colaboración con Linda Smith, extendió este enfoque a fenómenos cognitivos clásicos como la permanencia del objeto y el error A-no-B —la tendencia del bebé a buscar un objeto donde lo encontró antes, aunque haya visto que se ha escondido en un lugar distinto—. Mostró que estos comportamientos no pueden explicarse sólo por los cambios biológicos del cerebro, pues dependen de la historia de acciones del niño, de su postura, de las demandas de la tarea y del contexto inmediato.

Sus investigaciones dejaron claro que pensar, recordar y decidir no eran procesos separados de la acción, sino emergentes del sistema en movimiento.

Con ello, Thelen contribuyó decisivamente a cambiar la forma de entender la cognición temprana. A partir de sus estudios, el desarrollo dejó de verse como la activación de capacidades internas para entenderse como un proceso continuo de adaptación, en el que cada logro motor abre nuevas posibilidades para percibir, recordar, decidir y comprender el mundo.

6

El lenguaje y el habla

Lenguaje y habla no son lo mismo, aunque a menudo se confundan. Se desarrollan en paralelo y se influyen mutuamente, pero responden a procesos distintos. Comprender la diferencia ayuda a entender por qué el desarrollo lingüístico no debe reducirse a la mera pronunciación de palabras.

El lenguaje es una función cerebral que nos permite describir el mundo, organizar lo que vivimos y compartirlo con otros. Para ello necesitamos entender palabras, gestos y entonaciones, captar la intención del otro, prever cómo va a responder y combinar símbolos para expresar ideas y relaciones. Todo esto es posible gracias a redes repartidas por distintas zonas del cerebro que trabajan de forma armonizada, para integrar lo que oímos y vemos con la memoria, la atención, la emoción y la planificación. Las áreas del lóbulo temporal que procesan los sonidos del habla y el significado de las palabras se comunican con regiones parietales que unifican la experiencia sensorial y con circuitos frontales que permiten seleccionar, organizar y secuenciar la información. De esta coordinación emerge el lenguaje como una función global e integradora.

El habla, en cambio, es la expresión visible y sonora del lenguaje. Implica a la corteza frontal, al cerebelo y a los ganglios de la base[19] para coordinar los movimientos de labios, lengua, paladar y cara con la respiración y la fonación.

Hablar es ejecutar lo que el lenguaje permite comprender y pensar. Por eso un niño puede tener lenguaje sin habla o habla sin lenguaje plenamente organizado.

Durante el primer año de vida del niño, se van activando las redes implicadas en el lenguaje y el habla. Cuanto más escucha hablar, mejor distingue la voz humana y más identifica los fonemas de su idioma. Mediante la interacción social aprende a respetar turnos y a compartir la atención. Y el creciente control de su motricidad le enseña a organizar secuencias de acciones que después le servirán para hablar.

Como ocurre en todas las áreas del neurodesarrollo, es imposible separar los procesos biológicos del entorno en que surgen y el lenguaje no es una excepción. Así, las oportunidades relacionales dan forma a estos circuitos encefálicos en construcción.

El lenguaje y el pensamiento

En los tres primeros años de vida, el niño piensa con el cuerpo. El límite de su comprensión depende de lo que puede hacer y de las consecuencias de sus movimientos. No para quieto

19. Estos ganglios de la base son un conjunto de núcleos de sustancia gris, profundos en el cerebro, que participan en el control y la fluidez del movimiento, así como en el aprendizaje de hábitos y rutinas.

—manipula, se desplaza, repite y comprueba una y otra vez—, su pensamiento está íntimamente ligado a la acción. Las ideas necesitan del contacto directo con los objetos y de la experiencia inmediata, siempre asociadas a lo concreto y a lo que puede percibir. Observando su conducta, casi podemos adivinar lo que va a hacer, lo que está pensando.

Las palabras introducen un cambio progresivo en su forma de razonar. Al principio sirven para comunicarse, pero con el tiempo se convierten en las organizadoras de la conducta. Poner nombre a las cosas permite evocarlas, que se hagan presentes aun sin tenerlas delante. Las palabras sustituyen a la acción, las frases ordenan secuencias y el diálogo posibilita anticipar lo que va a ocurrir sin necesidad de hacerlo. La actividad incansable del bebé se va aquietando conforme sus ideas se independizan del aquí y ahora. Las intenciones se hacen privadas, invisibles, a medida que pueden prescindir de la acción.

El pensamiento, ese lenguaje interno, pasa de ser sensoriomotor a verbal, de concreto a abstracto. Gracias a las palabras, las ideas que representan el mundo, a las personas y sus relaciones ganan flexibilidad. El pasado se representa y el futuro se imagina. Una misma situación admite distintas soluciones, el otro tiene su propio punto de vista y las sensaciones se enriquecen con la emoción.

Del sonido a la intención (entre los doce y los quince meses)

Poco antes de conseguir la marcha sin apoyos, entre los nueve y los doce meses, el niño ya había aprendido a escuchar, a esperar y a responder. Entrenando la coordinación entre mirada, gesto y sonido, participa en intercambios rítmicos y descubre que la comunicación tiene efectos.

Durante ese tiempo, el bebé ha estado encadenando sílabas —«ma-ma-ma, pa-pa-pa, ta-ta-ta»—, pero sin significado. Repite estas secuencias para explorar los movimientos de su boca y de su lengua, pero no busca respuesta, sólo escucha el resultado en su voz. Silabea casi continuamente, tumbado, jugando, cuando se despierta a media noche, etc., y juega a cambiar la frecuencia, la intensidad o la entonación de sus experimentos. Es una actividad que le sirve para acoplar la respiración y la fonación a los movimientos orales y faciales. Su cerebro compara lo que intenta hacer con lo que realmente suena y lo corrige. Ensaya.

Poco a poco esos ejercicios vocales cambian de función cuando se da cuenta de que interesan al adulto. Entonces silabea mientras lo mira y se detiene cuando obtiene una reacción. Si le responden, repite la secuencia. Es así como el sonido empieza a ser acción social y pasa a formar parte del intercambio, aunque todavía no tenga significado estable.

La clave está en el uso del sonido, no importa cuál sea. Un mismo «ta» —«pa», «ma» o «ba»— puede ser unas veces juego motor y otras empezar a cargarse de sentido según el ánimo que lo acompañe. Cuando el bebé lo dice para reclamar, señalar o provocar una respuesta concreta adquiere un propósito, sirve para algo. Este paso pone de manifiesto la coordinación entre las redes motoras del habla, los circuitos que procesan significados y los sistemas atencionales y sociales.

Un sonido concreto se selecciona por lo que provoca en el otro y se asocia a una experiencia compartida. Así, una sílaba que antes era sólo ruido puede fijarse como palabra cuando cumple esa función. Muchas primeras palabras nacen del silabeo. El niño reutiliza una secuencia que ya controla de forma motórica y la carga de intención. La asociación se consolida cuando el adulto responde siempre de forma similar. Entonces, se estabiliza el sonido, se afianza el significado y la palabra emerge.

El verdadero salto cognitivo ocurre cuando una palabra empieza a sustituir a la experiencia directa.

«Digo "ma-ma-ma", vienes y sonríes... ¿mamá?»

«Ma-má» suele ser el primer sonido que emitimos con intención. Casi todas las lenguas usan mamá y papá como diminutivos de madre y padre que, por el contrario, suelen variar mucho.

Este patrón lingüístico común llamó la atención del antropólogo estadounidense George Peter Murdock. Tras analizar 1.072 términos usados en distintas lenguas, observó que la inmensa mayoría nombran a la madre repitiendo una sílaba simple formada por una consonante nasal y una vocal abierta —«ma-ma», «na-na», «ama»—. En cambio, para el padre predominan las consonantes oclusivas —«pa-pa», «ta-ta», «da-da»—. Resultaba difícil atribuir esta coincidencia a un origen cultural, ya que aparecía en idiomas sin relación histórica entre sí.

En 1959, Murdock presentó estos datos en un seminario de lingüística celebrado en la Universidad de Stanford, California, y les dejó una pregunta: ¿por qué ocurre esto?

Ese mismo año, el lingüista ruso Roman Jakobson propuso una respuesta que tiene mucho sentido. Puesto que la movilidad de los labios y la lengua del bebé pequeño es todavía torpe, le resulta difícil coordinar movimientos complejos. Los sonidos más asequibles para él son las sílabas simples formadas por una consonante que cierra la boca y una vocal que la abre. Le basta abrir y cerrar los labios mientras expulsa el aire para generar secuencias rítmicas como «ma-ma-ma» o «pa-pa-pa». Jakobson observó también que estas vocalizaciones aumentan en presencia del adulto y que este tiende a imitarlas acoplándose al habla infantil, lo que establece un código compartido. En este intercambio de sílabas, el padre o la madre interpreta que su hijo intenta llamarlo. Además, Jakobson destacó que el bebé hambriento suele emitir el sonido «mmm», lo que reforzaría su asociación con la figura que lo alimenta: su madre.

Hay excepciones que contradicen esta teoría lingüística. Por ejemplo, en georgiano *deda* significa «mamá» y *mama* «papá», justo al revés de lo esperado, lo que corroboraría que la cultura modula las predisposiciones biológicas.

El «idioma bebé» no existe. Sin embargo, todos los humanos compartimos características corporales y cerebrales que condicionan un patrón común de neurodesarrollo por el que, antes de nombrar el mundo, aprendemos a llamar a quien nos acompaña y protege. Y en casi todos los lugares del planeta, lo hacemos del mismo modo.

De nombrar a representar (entre los quince y dieciocho meses)

A partir de la primera palabra, el habla no avanza en línea recta, sino que progresa a saltos impulsada por la retroalimentación entre factores biológicos y ambientales. Por un lado, la estructura del sistema nervioso ya permite planificar y secuenciar; por otro, el adulto —que nombra, espera turno y da significado— estimula el uso del lenguaje en situaciones cada vez más variadas.

La primera palabra que dice un niño es fruto de sus juegos de articulación y es el adulto quien termina de fijar su sentido: mamá. Cuando el niño dice «mamá», tan solo ejecuta una secuencia motora que controla bien. Es la respuesta de ella —que acude, le mira y le contesta— la que transforma ese sonido en palabra. Al descubrir la relación causa-efecto, el niño empieza a usar ese sonido de forma deliberada para reclamar su presencia y esto cambia su manera de comunicarse. Si un sonido provoca una reacción concreta, ¿otros podrían hacer lo mismo?

La fluidez del habla enlaza unas palabras a otras sin pausas claras, una melodía continua de sonidos que difumina el principio y el final de cada palabra. El niño, que apenas empieza a comprender el mecanismo del lenguaje, necesita aislar cada unidad del discurso para reconocer qué efecto produce. En este proceso cuenta con la ayuda de una habilidad nueva que acaba de adquirir, señalar con el índice, un gesto que ya usa para explorar la atención compartida y que ahora le sirve también para identificar y comprender las palabras que nombran personas, objetos o situaciones cotidianas. Al apuntar, verifica que el adulto se interesa por lo que muestra y su respuesta hablada —«abuela», «pelota», «comer»— confirma que todo se puede nombrar.

Gesto y palabra nacen así casi a la vez, como dos formas complementarias de representación. Con la repetición acaba entendiendo las palabras que habitan su entorno inmediato y familiar. Funcionales y cargadas de valor emocional, el niño ha comprendido que esos sonidos resumen una experiencia completa, por eso el contexto importa más que la repetición aislada.

Reconocida la palabra, el niño se enfrenta al reto de reproducirla. La idea está clara mucho antes que la ejecución y sus primeras producciones son aproximadas, cambiantes, a menudo difíciles de entender. Sabe lo que quiere decir, pero aún no puede decirlo bien. Debe aprender a colocar los órganos del habla en la posición correcta para que se le entienda, y eso le llevará tiempo. Las personas con las que convive suelen reconocer esos sonidos, poco comprensibles para los demás, y responden como si fueran palabras perfectas, esa presencia constante de sus cuidadores regula y refuerza cada intento.

Se trata de un proceso lento en el que los progenitores participan de forma intuitiva y por eso les resulta más difícil precisar cuándo su hijo empieza a hablar que recordar el momento exacto en que dio sus primeros pasos. Poco a poco el vocabulario se amplía y, durante los meses siguientes, el niño se expresa mediante palabras sueltas. En ocasiones parece que empieza a unirlas, pero en realidad está emitiendo secuencias que percibe como una sola palabra, como «yatá» por «ya está». Todavía necesita tiempo y experiencia para empezar a combinarlas.

«Señalo, te busco y lo nombras»

La importancia del no

Una de las primeras palabras que el niño dice con intención es «no». Pronto descubre que se trata de una sílaba poderosa.

Con ella puede modificar la conducta del otro y, al mismo tiempo, la propia. Ya no sólo pide, se opone. El «no» es significativo tanto por lo que expresa como por lo que revela sobre el estado del sistema nervioso. Al decirlo se detiene lo que estaba pasando o impide que se inicie una acción, ajena o propia. Para hacerlo, el niño tiene que comparar dos posibilidades —seguir o parar— y escoger una. Sólo tiene efecto si da tiempo suficiente a esperar la respuesta, ajustarse a ella y no perder la atención durante el intercambio. Esta conducta expresa una mejor organización y eficiencia de ciertas redes cerebrales[20] que participan en la selección de acciones, el control de respuestas impulsivas y en guiar la acción a un objetivo.

El «no» sólo aparece cuando el cerebro dispone de los recursos necesarios para usarlo.

Dicho de otro modo, con el «no» el niño se opone y empieza a intervenir activamente en la secuencia de la acción, a interrumpirla, modificarla o redirigirla. Es un gesto claro de autorregulación y autonomía. Ahí reside su verdadera importancia en el neurodesarrollo.

Aunque la variabilidad individual es muy amplia, el «no» suele aparecer entre los doce y los quince meses. Más adelante, entre los veinticuatro y treinta meses, cambia de naturaleza, pues además de rechazar o señalar ausencia, el niño empieza a usarlo para negar la verdad de lo que otro afirma. Esto requiere ya un lenguaje combinatorio y un nivel mayor de control cognitivo.

Por lo que revela, el «no» constituye un buen marcador del neurodesarrollo. Primero aparece como voluntad y límite y después se convierte en herramienta de pensamiento.

20. Nos referimos a los circuitos frontales y fronto-estriados.

Recomendaciones prácticas. Nombrar lo vivido

Uno de los saltos cognitivos más difíciles y significativos es el de convertir una imagen, objeto, persona o acción en una palabra que la nombre. Intervenir en el momento justo ayuda al niño a distinguir y asociar cada palabra a su objeto real. Estas propuestas sencillas ayudan a convertir lo vivido juntos en lenguaje.

ÁREA	ACCIONES	EN CONCRETO
Comunicación y lenguaje	Usar la atención compartida para convertir cualquier señal en un turno.	• Si vocaliza y te mira, respóndele de inmediato con una frase corta y espera; si vuelva a vocalizar, repite y añade una sola palabra.
	Combinar gesto y palabra usando la acción de señalar como nexo entre lo que ve y lo que oye.	• Cuando señale, nombra una sola palabra precisa y repítela dos o tres veces en el mismo contexto; después espera, sin añadir más información.
	Las rutinas ayudan a la comprensión, así que hay que anticiparlas con frases repetidas y constantes.	• Usar siempre la misma frase breve para transiciones: «vamos a cambiar», «ahora a dormir», y repetirla justo antes de la acción.

Lenguaje y habla	Trabajar la calidad del lenguaje introduciendo palabras nuevas en la conversación natural.	• Durante las actividades cotidianas, como la comida o el baño, elegir una palabra nueva útil —«cuenco», «esponja», «caliente», «suave»— y decirla mientras ve y toca. • Evitar pronunciarla en abstracto.
	La prosodia acompaña a la regulación de la conducta si se habla despacio, con pausas claras e intención.	• Bajar el ritmo y marcar pausas antes de la palabra importante. • Si se irrita o enfada, bajar la intensidad antes que subir el volumen.
	La lectura compartida facilita la incorporación de nuevo vocabulario y refuerza el vínculo. Leer poco y parar mucho.	• Libros de cartón con una imagen por palabra. • Señalar, nombrar, esperar y, si vuelve a mirar, repetir. • Si se va, terminar sin insistir.
Juego y vínculo	Acompañar el juego manipulativo con una explicación de lo que está haciendo.	• Describir con una o dos palabras si mete, saca, golpea o abre: «dentro», «fuera», «choca», «abre». • No convertir el juego en un examen. • Evitar explicar las propuestas con palabras; mejor mostrar con una acción y, si la repite, poner palabras.

	Empezar a usar el «no» como información que pone límites a la conducta.	• Usar una frase breve con firmeza y enseguida una alternativa con suavidad: «no cables», «pelota». • Repetir siempre una secuencia similar. • Evitar el «no» largo y enfadado en la medida de lo posible.
	Las pantallas de fondo reducen los turnos en la interacción y en el juego.	• Hablar y jugar con la televisión apagada. • El móvil lejos de la mesa en las comidas. • No contestar al móvil en presencia del niño salvo urgencia real.

Pensar con palabras (entre los dieciocho y los veinticuatro meses)

El aprendizaje de las primeras palabras es un proceso lento y laborioso. Igual que al inicio de la marcha autónoma, cuando cada paso exige plena atención y esfuerzo, las primeras palabras se incorporan una a una, como piezas sueltas. Para distinguir una palabra, el niño debe aislarla del conjunto, reconocer su sonido y asociarla a una situación compartida que le dé significado.

Durante un tiempo su vocabulario se limita a unas pocas palabras que usa de forma reiterada y, a menudo, para múltiples contextos. Hasta que algo cambia. Poco a poco empieza a captar cómo funciona el lenguaje. Detecta regularidades y comprende que los objetos tienen nombres, que esos nombres se aplican a conjuntos de cosas y que una misma palabra puede usarse en situaciones distintas. Por ejemplo, descubre que «perro» es el animal que duerme en casa, también el que ve en el parque, el dibujo del libro o el que aparece en una pantalla. Esa repetición le permite intuir que las palabras no nombran cosas únicas, sino categorías que se mantienen aunque cambien las circunstancias. El aprendizaje se acelera cuando el niño deja de incorporar cada palabra como un caso independiente para usar las reglas del idioma en el que su entorno se expresa, reglas que ya ha empezado a entender.

Cuando esto ocurre, hacia los dieciocho meses, aprender palabras deja de ser un proceso lento y fragmentado para agilizarse con un aumento súbito del repertorio. En pocas semanas, las palabras conocidas y producidas se multiplican. Claro que aún comprende muchas más de las que puede decir. Este crecimiento varía para cada niño según sea el grado de conexión de sus redes encefálicas, el uso cotidiano del lenguaje en su entorno y la calidad de sus intercambios.

La llamada «explosión léxica», además de un aumento considerable del vocabulario, evidencia un cambio en la forma de relacionarse con la información. El niño evoca experiencias pasadas, anticipa acciones futuras y combina palabras de manera incipiente. El lenguaje amplía qué puede expresar y qué puede pensar —generaliza conceptos y permite probar hipótesis—. Se convierte en el escultor de la cognición y, a su vez, la respuesta del entorno moldea el desarrollo del lenguaje y favorece su nuevo nivel de pensamiento.

Para poder poner a prueba las pautas que va deduciendo, el niño necesita escuchar y practicar. En la interacción cotidiana, en las conversaciones que se repiten, en las respuestas que recibe, en los silencios que se respetan o se interrumpen, encuentra las pistas y oportunidades para avanzar en el entendimiento de los entresijos del lenguaje. El ambiente lingüístico influye mucho sobre un sistema nervioso que ahora está mejor preparado para probar sus deducciones. La cantidad, pero sobre todo la calidad del lenguaje que rodea al niño empieza a marcar diferencias en el ritmo de expansión del vocabulario y en la complejidad de su uso.

El lenguaje se construye en relación y su ausencia dificulta que ese desarrollo sea pleno.

«La brecha de los treinta millones de palabras»

Treinta millones.

Desde su nacimiento hasta los tres años, unos niños crecerían escuchando treinta millones más de palabras que otros. Niños ricos en palabras y niños pobres en palabras. Familias que hablan y familias que no. Treinta millones, un abismo lingüístico imposible de salvar. Repetido como un hecho incuestionable, este relato —simple, eficaz y tranquilizador— deja claro el problema, identifica su causa y hace evidente la solución: hablar más.

¡Como si el lenguaje se pudiera contar y su desarrollo dependiera de una suma!

Pero ¿de dónde sale este número, qué mide exactamente, qué no mide y hasta qué punto puede generalizarse?

Detrás del eslogan había un trabajo riguroso, el que los psicólogos norteamericanos Betty Hart y Todd Risley llevaron a cabo en Kansas City. Durante más de dos años siguieron a familias con niños pequeños de distinto nivel socioeconómico y grabaron fragmentos largos de interacción natural en sus hogares. Sin intervenir ni dar instrucciones, observaron cómo se hablaba a los niños en la vida cotidiana.

Al analizar todo ese material encontraron grandes diferencias entre familias, tanto en el número de palabras dirigidas a los niños como en el tipo de lenguaje utilizado. Vieron que en unos hogares predominaban los comentarios, las explicaciones y las respuestas en sintonía con lo que el niño hacía o intentaba decir, mientras que en otros el lenguaje era más escaso y más funcional, centrado en órdenes, prohibiciones o indicaciones breves. A partir de estas observaciones, los autores estimaron que, al llegar a los tres años, unos niños habrían estado expuestos a millones de palabras más que otros. Este resultado tan llamativo tuvo un enorme impacto divulgativo y, años después, dio lugar a la famosa expresión «la brecha de los treinta millones de palabras».

Sin embargo, el impacto de la cifra terminó eclipsando el hallazgo central del estudio. Con el tiempo se han señalado sus limitaciones metodológicas —una muestra poco representativa, grabaciones parciales y un análisis centrado en el recuento de palabras—, pero también se ha confirmado algo esencial. En efecto, Hart y Risley mostraron con claridad que el entorno lingüístico temprano no es homogéneo y que esas diferencias aparecen muy pronto, incluso antes de que el niño empiece a hablar.

La investigación posterior confirma que no es la cantidad de palabras lo que mejor predice el desarrollo, sino la calidad de la interacción. En conclusión, la alternancia de turnos, las respuestas a tiempo y con sentido, el ajuste a lo que el niño puede comprender y la atención compartida se relacionan mucho mejor con la organización de las redes cerebrales implicadas en el lenguaje que la simple exposición verbal.

Hoy, el valor de aquel trabajo reside en haber puesto en evidencia que el desarrollo del lenguaje depende del niño pero se construye en el entorno, que, desde muy temprano, debe ofrecerle oportunidades para escuchar, participar y obtener respuestas. La brecha existe, sí, pero no es de palabras, es de experiencias lingüísticas.

Esto permite entender el desarrollo real del lenguaje, tal y como ocurre en la vida cotidiana.

Pantallas y oportunidades perdidas

En la vida cotidiana las pantallas encendidas están cada vez más presentes durante las interacciones con el bebé: el móvil sobre la mesa, la televisión de fondo, el ordenador en el comedor... Mirarlas es inevitable, un gesto que pasa inadvertido y, precisamente por eso, conviene detenerse a pensar qué se pierde cuando la atención se desplaza del bebé hacia el monitor.

Las nuevas conexiones neuronales que se forman en la corteza cerebral del bebé —cerca de un millón por segundo durante los tres primeros años— se nutren de miradas compartidas y turnos respondidos. Sin esta interacción física y social las redes que sustentan el movimiento, el lenguaje, la cognición y la conducta se resienten.

Visto así, el problema es atencional. Mientras el adulto mira una pantalla,[21] aunque sea brevemente, deja de estar disponible para responder a las señales del niño. Los turnos se interrumpen, las miradas se pierden y los intercambios se empobrecen. Diversos estudios han mostrado que, en presencia de pantallas, el lenguaje dirigido al niño disminuye, se adapta peor a su juego o a sus intentos comunicativos. No es que el adulto hable menos, es que responde con menos atención y precisión al niño que tiene delante.

Se sabe que la exposición pasiva a pantallas en edades tempranas se asocia a un desarrollo más lento de la atención y del lenguaje. Con independencia del contenido, el tiempo frente ella sustituye al de interacción real, de modo que disminuyen las oportunidades de juego compartido y de exploración guiada por el adulto. Y, a la velocidad a la que se organiza el cerebro en estas edades, cada oportunidad cuenta.

Ahora bien, no todas las situaciones son iguales. Cuando el adulto comparte la atención con el niño, comenta lo que está viendo, espera su reacción y usa un lenguaje apropiado a su nivel, el impacto es distinto. En estos casos, la pantalla deja de ser un estímulo pasivo y se convierte en un soporte para la interacción. Los bebés aprenden mucho mejor si hay una persona que guía, señala y responde al contenido de un vídeo. El aprendizaje temprano es social por naturaleza y necesita esa mediación.

Pero las pantallas no son una herramienta educativa en sí mismas, el factor decisivo es lo que ocurre a su alrededor. Un

21. Sobre el término «pantalla», es interesante lo que recoge el diccionario de la RAE en la 5.ª acepción: «Persona o cosa que distrae la atención para encubrir u ocultar algo o a alguien». Y añade como sinónimo la palabra «distracción».

adulto disponible transforma una experiencia pobre en una experiencia significativa. Un adulto ausente, aunque esté físicamente cerca, convierte cualquier estímulo en ruido.

En un periodo en el que los circuitos se forman y crecen tan rápido, cada interacción es importante. Las pantallas son dañinas cuando sustituyen al adulto, porque reemplazan las vivencias cotidianas que el cerebro necesita para construirse. Perderlas no suele parecer grave en el momento, pero su acumulación sí importa.

Cuando la voz guía

La prosodia es la música del lenguaje. Da forma expresiva al habla a través de variaciones en la entonación, ritmo, acento, intensidad o pausas. Gracias a ella, se transmite mucho más que información verbal, pues permite destacar lo importante, distinguir una pregunta de una afirmación, expresar emociones y anticipar la intención de quien habla. El cerebro capta esa melodía y la utiliza como guía para interpretar el sentido de la comunicación.

Cuando el adulto se dirige al bebé, su forma de hablar cambia de manera espontánea. Al nombrar personas, objetos o acciones, imprime a sus palabras la emoción correspondiente. Usa un tono cariñoso para referirse a un familiar cercano —«mira qué guapo tu hermano», «la abuela ha venido a darte besos»—, uno de advertencia para transmitir prudencia —«¡cuidado, que te caes!»— o uno firme para corregir una conducta —«no se toca»—. Esta manera de hablar a los pequeños, llamada «habla dirigida al bebé», se acompaña de expresiones faciales, miradas y gestos que refuerzan el mensaje y ayudan al bebé a interpretar el contexto mucho antes de que comprenda el significado literal de las palabras. Antes de entender qué se le dice, capta cómo se le dice.

El bebé de pocos meses ya es especialmente sensible a la musicalidad del habla. Distingue un tono calmado de uno tenso, una voz disponible de una distante, y con esa información modifica su conducta. La prosodia le ayuda a calmarse o activarse, a anticipar si la situación es segura, previsible o requiere atención. En este intercambio, la voz del adulto funciona como un regulador emocional externo que orienta al sistema nervioso infantil, incapaz aún de autorregularse.

En todas las culturas, los adultos modifican de forma inconsciente su tono cuando se dirigen a un bebé. Puede haber matices, pero se repite un patrón general que tiende a elevar el tono y la expresividad, a hablar más despacio y a pronunciar con más claridad. Así, el lenguaje se hace más accesible para quien todavía está aprendiendo a escuchar.

Esta habla dirigida al bebé cumple una doble función. En este momento del desarrollo, regula y da sentido a la experiencia, facilitando la atención, la comprensión del contexto y la incorporación de nuevas palabras. Con el tiempo, esa regulación que llega desde fuera empieza a interiorizarse. El niño aprende a usar las palabras que ha escuchado con la misma cadencia y tono para organizar su propia conducta, esperar, frenar una acción o anticipar lo que va a ocurrir. La voz adulta deja así un aprendizaje duradero que enseña al niño lo que significan las palabras y también para qué sirven.

«Por cómo suenas, sé lo que esperas»

Cuando la conducta pregunta

Muchas conductas del niño pequeño resultan desconcertantes. Abrir y cerrar puertas una y otra vez, encender y apagar la luz, tirar objetos al suelo, acercar la mano a un enchufe mientras mira al adulto, etc.

Lo que sucede es que, antes de disponer de un vocabulario suficiente, el niño explora qué se puede hacer y qué no a través del movimiento, se comunica sin palabras. Repite para comprobar si siempre ocurre lo mismo —«si aprieto este botón, ¿se enciende la luz?»—, si la respuesta del adulto se mantiene porque el límite es estable o cambia según el contexto. El niño actúa y, de inmediato, busca la mirada del adulto. A veces espera la reacción antes incluso de completar la acción y ese gesto revela la verdadera función del comportamiento. Parecen provocaciones, retos o intentos de desobediencia, pero en realidad, la mayoría de estas acciones buscan simplemente entender. Confirmar si algo se puede hacer o no, si es peligroso o seguro, si provoca aprobación, alarma o indiferencia.

Desde el punto de vista del neurodesarrollo, estas repeticiones son altamente informativas de cómo el niño busca reconocer pautas, anticipar consecuencias y empezar a organizar su conducta en función de normas externas. La respuesta del adulto —su tono, su gesto, su coherencia— aporta la información que necesita para interpretar esa acción como permitida, prohibida o según el contexto. Cuando la respuesta es previsible, el aprendizaje se afianza rápido y aquí la regulación externa vuelve a ser clave al ofrecer al niño un marco comprensible. Un «no» dicho con firmeza y calma, siempre igual ante la misma acción, resulta más comprensible y eficaz que una respuesta cambiante o excesivamente emocional. Poco a poco, el límite se vuelve una referencia interna que el niño anticipará sin necesidad de repetir la acción.

De este modo se entiende por qué estas conductas disminuyen cuando el lenguaje del niño avanza, porque a medida que incorpora palabras, empieza a preguntar sin actuar, a anticipar sin probar, a regularse sin necesidad de repetir la experiencia corporal. La acción deja paso a la representación, el movimiento a las palabras.

Este comportamiento, aparentemente desafiante, cumple pues una función temprana de aprendizaje y de comunicación. Interpretarlo sólo como un problema a corregir impide ver su valor explicativo. Las respuestas claras y constantes suelen bastar para que la conducta deje de repetirse.

«Mira lo que hago, ¿está bien?»

En este punto, la palabra «no» adquiere todo su sentido. Muchas de estas conductas repetidas encuentran su respuesta en ese límite verbal sencillo y estable. El niño actúa, mira al adulto y espera una señal clara. Cuando el «no» llega siempre igual, con un tono firme y tranquilo, deja de ser sólo una prohibición y se convierte en información: señala que esa acción no es posible, que el límite no cambia y que no necesita comprobarlo una y otra vez con el cuerpo.

Así, el «no» empieza a sustituir a la acción. Lo que antes se preguntaba con el gesto o con el movimiento puede empezar a resolverse con una palabra; el límite se anticipa, se recuerda y, poco a poco, se interioriza. Este es uno de los primeros momentos en los que el lenguaje comienza a organizar la conducta de forma más eficaz que la experiencia directa.

Recomendaciones prácticas. Afinar el lenguaje

En la expansión del léxico asoma el inicio de un pensamiento verbal. La fase propicia para que el entorno lingüístico convierta cualquier situación en una ocasión que acompañe ese despliegue.

ÁREA	ACCIONES	EN CONCRETO
Comunicación y lenguaje	En la conversación, alargar el intercambio con preguntas abiertas simples.	• En vez de preguntas de sí o no, preguntar «¿qué ves?», «¿qué pasa?», «¿dónde está?». • Si no responde: dar un modelo de respuesta breve —«una taza», «el perro come», «aquí»— y volver a preguntar dando tiempo para la respuesta.
	Planificar en voz alta para favorecer el pensamiento con palabras.	• Antes de actuar, decir lo que va a pasar: «primero guardamos, luego salimos». • Ayudar a ordenar secuencias sin necesidad de repetir la acción.

Lenguaje y habla	Facilitar la adquisición de nuevo vocabulario. Aumentar la precisión y la variedad sin saturar.	• En lugar de «cosa» o «eso», utilizar nombres concretos. • Cuando sea apropiado, añadir un adjetivo: «grande», «roto», «frío», etc. • Una idea por frase.
	Acompañar la «explosión» del léxico. Consolidar palabras nuevas antes de cambiar de tema.	• Usar cada nueva palabra en distintas situaciones, durante varios días seguidos. • No saturar de vocabulario. No aprenderá diez palabras nuevas en una tarde. • Dar tiempo para afianzar el aprendizaje.
	La lectura compartida facilita la incorporación de nuevo vocabulario y refuerza el vínculo. Releer y hablar de lo mismo.	• Repetir libros favoritos y en cada relectura añadir pequeños matices. • Hacer preguntas que le impliquen en la lectura: «¿qué falta?», «¿quién se esconde?», «¿dónde va?». • Se trata de disfrutar la lectura, no de aprender lecciones.

Juego y vínculo	Convertir el juego en lenguaje compartido para favorecer la aparición del juego simbólico.	• Ofrecer una muñeca, una taza y una cuchara, decir dos frases narrativas —«la muñeca bebe y come»— y esperar que imite o aporte. • Después, dejar que dirija el juego.
	Usar el «no» de forma firme, calmada y coherente para que comprenda los límites.	• El «no» debe ser previsible: usar la misma frase, tono y consecuencia. • Evitar negociar con cambios de humor o discursos largos.
	Si hay una pantalla, convertirla en una oportunidad de interacción. No convertirlas en el centro. Usar otros juegos, libros, etc.	• Usar la pantalla con el niño para ver, explicar lo que pasa, esperar, preguntar, imitar… • Si el adulto no está disponible, evitar su uso.

El malentendido adulto

En esta etapa de aprendizaje exploratorio el niño nunca está solo. Comparte el espacio con el adulto, pero cada uno le da contexto desde el proceso mental que caracteriza su pensamiento.

Para el adulto que observa, muchas de las conductas infantiles le resultan intencionadas, calculadas o incluso provocadoras. Habituado a interpretar los comportamientos de personas maduras, no siempre advierte que la cognición del niño responde a una lógica diferente. Se ha olvidado de pensar como el niño que un día fue.

Ligado a lo inmediato, el niño actúa en función de lo que percibe y de lo que acaba de descubrir. Incapaz de elaborar planes complejos o anticipar consecuencias a largo plazo, como haría un adulto, su estrategia se limita a buscar entender cómo funciona el mundo o qué puede esperar de los demás. Su conducta es un ensayo continuo que pone a prueba sus suposiciones.

Sin experiencia de la que echar mano, imita. Copia gestos, tonos, palabras o acciones del adulto, y lo hace tan bien que resulta chocante. Desde la mirada adulta, esa acción calcada puede interpretarse como una burla o un desafío. En realidad se trata de una de las principales formas de aprendizaje. Reproduce lo que ve para probar, sin una comprensión plena del significado de lo que está haciendo.

Si el adulto no reconoce que con este comportamiento el niño no busca desafiarle, sino que en la sincronía con el otro intenta averiguar qué hacer, se generan malentendidos cotidianos que pueden resultar difíciles de reconducir. El niño se desconcierta ante la reacción molesta del adulto, porque no coincide con la intención que él tenía al imitar. Repite para reajustar, pero el adulto, que aún no se ha dado cuenta de lo que realmente sucede, vuelve a corregirle con firmeza y el desfase en la comprensión no se aclara.

En otras ocasiones el niño no imita, explora, ajusta y repite de nuevo para aprender dónde están los límites, qué ocurre cuando actúa de una u otra manera y cómo responde el entorno a sus iniciativas. Su intención es simple: buscar estrategias y aprender a desenvolverse.

La interpretación adecuada de estas conductas infantiles no implica renunciar a corregir ni a poner límites claros. Al contrario, brinda la ocasión de acompañarle y avanzar hacia formas más complejas de anticipar, esperar y decidir.

El lenguaje se acuesta y se sienta a la mesa (entre los doce y los veinticuatro meses)

En las situaciones cotidianas de regulación corporal, vuelve a ponerse a prueba la capacidad del adulto para interpretar la conducta del niño.

Entre el año y los dos años de vida, el sistema nervioso atraviesa un ajuste profundo. El cuerpo gana autonomía, el lenguaje empieza a sustituir a la acción y la conducta se vuelve más intencionada. Todo ello se refleja también en los ritmos de sueño y alimentación, que cambian a medida que se estabilizan las redes implicadas.

El sueño nocturno tiende a consolidarse, mientras las siestas se reducen para adaptarse a las nuevas exigencias del día. Al mismo tiempo suele aparecer una resistencia al dormir que sorprende al adulto. El cansancio físico ya no es suficiente para que le venza el sueño. Con su sistema nervioso más activo y receptivo a lo que sucede a su alrededor, al niño le cuesta relajarse.

Dormir implica además aceptar la ausencia del adulto. Para un niño ya capaz de recordar y anticipar, esta separación resulta difícil y protesta. Necesita comprobar que la ausencia es transitoria y que el reencuentro llegará con el despertar. Buscando confirmar la presencia del adulto, a menudo se despierta en medio de la noche, se desvela y le cuesta volver a conciliar el sueño. Las rutinas previsibles y la presencia tranquila del adulto facilitan que pueda relajarse y descansar. En este proceso de cambio del sistema nervioso, el lenguaje emergente es de gran ayuda. Palabras sencillas, repetidas a diario en las mismas circunstancias, explican y anticipan lo que va a pasar. Cantar, leer un cuento o rezar una oración son rutinas que ofrecen un marco reconocible, un refugio que aporta seguridad y facilita el descanso.

La alimentación sigue una evolución paralela. El crecimiento se vuelve más lento y el apetito disminuye respecto al primer año. Comer deja de ser una experiencia principalmente sensorial, que responde a la sensación de hambre, y pasa a ser también una experiencia de relación y de control. El niño empieza a mostrar preferencias, decide, rechaza, prueba, insiste o se niega. Hay días en los que come poco y otros en los que parece recuperar el apetito, una oscilación que forma parte del ajuste normal entre las cambiantes necesidades corporales y el aprendizaje progresivo de regular la ingesta. Sentarse a la mesa implica aceptar un ritmo, una espera y unos límites que antes no estaban presentes y por eso la comida se convierte en un espacio donde se ensaya la nueva autonomía.

En este momento suele aparecer el rechazo a ciertos alimentos. La familiaridad que necesita el sistema nervioso le exige ser prudente con lo novedoso. Si no se le presiona, lo que hoy aparta puede aceptarlo más adelante. Para que un alimento deje de resultar extraño, conviene ofrecerlo en distintas ocasiones como una opción más. La imposición favorece que el rechazo se haga permanente, no porque le guste o no su sabor, sino porque se asocia a una experiencia tensa y desagradable. También hay que respetar las señales de saciedad para que el niño aprenda a reconocerlas por sí mismo, a parar cuando se sienta lleno y volver a comer cuando lo necesite. Los horarios y rituales de comida estables aportan claridad y evitan que la comida se convierta en una negociación permanente. También aquí el lenguaje contribuye a ordenar la experiencia de comer. Palabras sencillas —«ahora», «después», «se acabó», «más»— permiten identificar y expresar deseos sin necesidad de actuar. Decir «no» o «ya está» sustituye poco a poco a empujar el plato o levantarse.

Dormir y comer exigen cada vez más autorregulación. El niño empieza a poner nombre a las señales internas de sueño y hambre, para tolerar la espera, aceptar límites y anticipar lo que va a ocurrir. El adulto cumple con su función reguladora al ofrecer un marco estable y previsible que dé seguridad, le permita organizarse y evite la confusión que supone imponer el sueño o la comida.

El sueño y la alimentación también dejan de ser actos automáticos para integrarse en la vida cotidiana como aprendizajes. Con el avance del lenguaje, el niño empieza a ordenar su experiencia de otra manera y lo que antes dependía casi por completo del movimiento y de la respuesta del adulto comienza a gestionarse desde dentro. Gracias a las palabras, puede anticipar, esperar, elegir y regularse sin actuar, pero para ello necesita adultos atentos a sus necesidades, que utilicen un vocabulario variado y entonaciones apropiadas al contexto. La constancia en los límites y en las respuestas ayuda al niño a entender cómo funciona el mundo.

Conocer este proceso permite ponerse en el lugar del niño y entender las dificultades de esta etapa como las expresiones de un cerebro que está aprendiendo a regularse.

Cuando el lenguaje empieza a cumplir su función organizadora, el desarrollo entra en una nueva fase. El movimiento, el lenguaje, la conducta, el sueño y la alimentación avanzan al unísono y el entorno debe ofrecer continuidad, nuevos estímulos y oportunidades para que el sistema nervioso pueda seguir avanzando en su neurodesarrollo.

Recomendaciones prácticas. Establecer hábitos

Cuando el lenguaje empieza a mediar entre el cuerpo y la acción, tanto el sueño como la alimentación dejan de depender sólo del ritmo biológico. Estos ajustes cotidianos muestran cómo la palabra comienza a participar en la regulación y la autonomía progresiva del niño.

ÁREA	ACCIONES	EN CONCRETO
Ritmos biológicos	Diferenciar de forma clara el día y la noche.	• Mantener actividad, luz natural y ruidos habituales durante el día. • Por la noche, reducir la iluminación, el tono de voz y la estimulación antes de dormir, incluso aunque haya despertares.
	Usar rutinas breves y repetidas para anticipar el descanso.	• Repetir siempre la misma secuencia antes de dormir —baño corto, pijama, luz tenue— acompañándola de la

		misma frase breve, cuento, oración o canción. • Evitar añadir pasos nuevos cuando hay dificultades para conciliar el sueño.
Ritmos familiares	Mantener horarios relativamente estables.	• Procurar que comidas y siestas se repitan en franjas similares. • Esta regularidad ayuda a sincronizar los ritmos internos y permite anticiparlos con palabras, reduciendo la sobrecarga al final del día.
	La presencia del adulto es un apoyo, no un sustituto de la autorregulación.	• Acompañar cuando lo necesita, explicando en palabras lo que sucede, pero permitiendo que el niño encuentre formas propias de calmarse y organizar su descanso y alimentación, sin adelantar siempre la intervención.
	Si hay distintos cuidadores, los criterios deben ser los mismos y compartidos.	• Acordar rutinas básicas de sueño y alimentación para evitar respuestas contradictorias. • La coherencia entre adultos reduce la confusión y facilita la previsibilidad.

Sueño	Ajustar el ambiente para facilitar el mantenimiento del sueño.	• Dormitorio oscuro, silencioso y con temperatura estable. • Evitar luces intensas o pantallas durante la noche, incluso en cambios de pañal o tomas nocturnas.
	Responder a los despertares con coherencia.	• Ante despertares nocturnos, ofrecer calma y contención sin convertirlos en momentos de juego. • Mantener la respuesta similar cada noche, también en las palabras y el tono, para facilitar la autorregulación progresiva.
Alimentación	Respetar las señales de hambre y saciedad.	• Ofrecer comida sin forzar cantidades ni ritmos, nombrando el inicio y el final de la comida. • Permitir pausas, retirar el alimento cuando muestra saciedad y evitar distracciones que interfieran en la percepción corporal.
	Facilitar una participación activa durante las comidas.	• Sentar al niño con buen apoyo postural y permitir que manipule los alimentos con las manos.

		• Aceptar que ensucie como parte del aprendizaje sensorio-motor, acompañando la acción con palabras sencillas.
	Introducir nuevos alimentos sin presión.	• Ofrecer el mismo alimento en distintas ocasiones, aunque lo rechace inicialmente. • Mantener un clima tranquilo y evitar convertir la comida en una negociación verbal o emocional.

7

Del pedir al anticipar

Entre el año y medio y los dos años, el niño rara vez está quieto. Se levanta, se desplaza, toca, prueba, tira, vuelve, insiste. Su cuerpo va por delante de sus palabras. Cuando necesita algo, actúa. Si quiere un objeto, va a por él. Si algo no le gusta, lo aparta. Si pierde al adulto de vista, lo busca. Aunque el lenguaje ya ha aparecido, todavía no gobierna la conducta y el movimiento sigue siendo su principal modo de desenvolverse.

Un año más tarde, hacia los tres, el contraste es evidente. Ese mismo niño puede permanecer sentado durante un rato, escuchar un cuento, encajar piezas, dibujar o esperar su turno en una actividad compartida. Puede anticipar. El lenguaje ya no depende sólo de la acción y, en su mente, empieza a ensayar lo que va a ocurrir con la misma energía y curiosidad con que antes actuaba.

Este cambio progresivo responde a la coordinación cada vez más afinada entre las redes que analizan el significado de las palabras, las que manejan la información corporal y los circuitos frontales que permiten planificar e inhibir. Esta mejor conectividad capacita al niño para representarse una acción antes de realizarla, para pensar en quietud.

Así, el lenguaje cambia de función. Primero es sobre todo la herramienta para obtener algo aquí y ahora porque una palabra activa una respuesta inmediata del entorno y el niño aprende que decirla es eficaz. Más tarde, cuando comienza a unir palabras y a combinarlas con gestos y miradas, el lenguaje empieza a servir para organizar lo que va a pasar después, para esperar, aceptar una consigna o participar en una rutina sin necesidad de moverse todo el tiempo.

Este avance se observa en lo cotidiano. Ya no cambia constantemente de juego, atiende a explicaciones breves y colabora en actividades compartidas. También se puede comprobar en el gobierno de su cuerpo, porque necesita menos intervención externa para regular su ingesta o conciliar el sueño y pronto controlará su micción y defecación.

El paso de un niño que necesita actuar para comprender a otro que puede prever, esperar y regularse. Un periodo breve en el tiempo, decisivo en la construcción de la autonomía y en la manera de relacionarse con el entorno.

De la máquina expendedora a la gramática temprana (entre los veinte y los treinta meses)

En las primeras fases del lenguaje, la palabra funciona de forma muy directa. El niño dice algo para que ocurra algo. «Agua», «mamá», «no». Cada palabra actúa como un botón que, al pulsarlo, dispensa un producto: aparece el objeto, se acerca el adulto, se detiene una conducta. El lenguaje tiene entonces un valor claramente instrumental porque provoca un efecto inmediato.

Una lógica eficaz y adaptativa que sirve, a un sistema nervioso todavía inmaduro, para comprobar una y otra vez que el mundo responde de manera predecible. Ahora basta decir una palabra para conseguir lo que antes requería llorar, señalar o desplazarse. La repetición consolida el circuito y, si funciona, se reutiliza. En esta fase la palabra nombra, pero también sintetiza conceptos más amplios. «Agua» puede significar «tengo sed», «quiero bañarme», «dame el vaso» o «estoy mojado». El adulto interpreta el contexto, completa el sentido y responde. Aunque el mensaje sea impreciso, la comunicación funciona gracias a la situación compartida.

Pero accionar el entorno con un solo botón resulta insuficiente. La realidad exige afinar, distinguir, matizar y la solución pasa por juntar términos.

Cuando el vocabulario alcanza cierta masa crítica, en torno a las cincuenta palabras, surgen las primeras frases de dos palabras: «mamá agua», «papá guapo», «perro pelota». Sin artículos, pronombres ni tiempos verbales, estas expresiones siguen siendo ambiguas y dependientes de la deducción del adulto. «Mamá agua» puede significar que la madre está bebiendo, que el niño quiere beber o que quiere que ella lo haga. Pero a pesar de los equívocos, la estructura ya está ahí. Relacionar palabras indica un mayor acoplamiento de los circuitos cerebrales y revela que el niño ya maneja asociaciones. Quién hace qué, dónde, con qué intención. También comienzan a aparecer relaciones más abstractas como negación, localización, cantidad —«no aquí», «más galleta»—, que le permiten situar las cosas en el espacio, diferenciar lo permitido de lo prohibido, lo suficiente de lo insuficiente. Empieza a ordenar el mundo a través del lenguaje combinatorio y con él emerge una gramática temprana todavía frágil, pero funcional.

Este avance depende del intercambio con el otro. Cuando «mamá agua» recibe como respuesta «mamá te da agua» o «¿quieres agua?» el diálogo continúa y gana concreción. Al ampliar la frase sin corregirla de manera explícita, se ofrece un modelo que el niño puede incorporar sin perder la iniciativa.

Ha descubierto el poder comunicativo que tiene la unión de dos palabras y, con estas frases ampliadas, el adulto le devuelve una experiencia enriquecida. Con «mamá agua», correlaciona un quién y un qué, pero para detallar mejor lo que sucede necesita incorporar otro elemento. Así, «mamá agua» puede transformarse en «mamá quiere agua», «mamá da agua» o «nene quiere agua». Son frases breves, aún sin marcas gramaticales finas, pero con una estructura ya reconocible: un sujeto, una acción y algo sobre lo que esa acción recae. Ha pasado del simple vínculo entre conceptos a ponerlos en movimiento. La tercera palabra añade acción.

A estas combinaciones ampliadas se las ha llamado «habla telegráfica», porque conservan lo esencial y prescinden de lo accesorio. El niño selecciona los sustantivos y verbos cargados de significado y deja fuera partículas que todavía no entiende ni le resultan útiles. El resultado es muy variable y funcional. Emisiones de dos o tres unidades conviven con otras más largas o con silencios cargados de gestos. Según lo que quiere decir, economiza o amplía. Adapta su mensaje a lo que ocurre y a la reacción del adulto. Decir y hacer todavía van juntos, pero ahora el niño puede preparar la acción con palabras.

Con la combinación de palabras de distintas funciones, el habla y el pensamiento van ganando flexibilidad. En gran medida gracias a que el control postural y la manipulación se van automatizando.

Tras los primeros pasos, toda la atención se centra en mantener la postura erguida y en el ajuste continuo del tono y la estabilidad que exige el desplazamiento bípedo. Al principio, el bebé separa mucho las piernas al caminar para aumentar su base de apoyo, mantiene el tronco rígido y abre los brazos para recuperar el equilibrio que se modifica en cada paso. A medida que practica, la postura se vuelve funcional. El niño permanece de pie sin rigidez, puede agacharse, girar el tronco mientras mantiene el equilibrio o cambiar de dirección sin detenerse. Los movimientos se vuelven más predecibles y estables, hasta que pueden hacerse sin pensar. Pasan a un segundo plano. La médula espinal alterna con la corteza los momentos en que debe tomar el control para que la atención quede disponible para otras tareas.

También las manos participan menos del apoyo corporal. Ya no están tan supeditadas al mantenimiento de la estabilidad corporal y ganan independencia y precisión para desarrollar las habilidades que les competen. Pueden repartirse las tareas entre la izquierda y la derecha —una mano sujeta mientras la otra explora—, lo que hace avanzar la coordinación entre ellas y, a su vez, con la vista.[22] El movimiento de los dedos se va individualizando y favorece el desarrollo de la pinza, que aumenta su precisión y permite acciones más delicadas y complejas. Abrir, sacar, meter, cerrar, los gestos se encadenan en secuencias con más sentido. De manera progresiva, la fuerza se ajusta con mayor exactitud y los movimientos se vuelven más económicos, no prueba al azar, repite lo que funciona porque anticipa el resultado. Los movimientos

22. Se trata de la coordinación bimanual y óculo-manual, respectivamente.

de las manos se consolidan y requieren menos esfuerzo consciente.

Su afán exploratorio pone en práctica todas estas habilidades. Sube un escalón, empuja un objeto pesado, arrastra un carrito o carga un objeto voluminoso entre las manos. Se sienta para pasar las páginas de un libro y tirar con cuidado de la pestaña que activa el despegue de un cohete de cartón. El cuerpo deja de ser un reto permanente y se convierte en un recurso disponible. No necesita pensar cómo moverse para llegar a un lugar o cómo levantar la tapa de un juguete, simplemente va y lo hace. El niño puede planificar pequeños actos, corregirlos sobre la marcha y retomarlos si algo falla. El cuerpo se vuelve silencioso y eficaz, pero sigue siendo la base sobre la que se apoya el pensamiento. Este progreso en el dominio postural y en la automatización del movimiento favorece que el lenguaje planifique la acción.

Durante esta transición, el lenguaje empieza a acompañar la actividad. Muchos niños verbalizan lo que hacen mientras realizan una tarea, se dan instrucciones en voz alta o repiten términos que les ayudan a regularse. Hablan para sí, para organizar mejor lo que están haciendo, porque de esta forma mantienen la atención, frenan respuestas impulsivas y continúan los pasos de una secuencia. Esta verbalización se acorta con el tiempo, deja de ser audible y acaba interiorizándose porque la regulación pasa a apoyarse menos en el movimiento visible y más en representaciones lingüísticas internas que permiten anticipar, esperar y coordinar sin ejecutar de inmediato.

Poco a poco, el lenguaje deja de funcionar como una máquina expendedora para convertirse en una herramienta que deduce relaciones. Sin perder eficacia, incorpora la posibilidad de decir más con menos movimiento. La experiencia comienza a organizarse desde dentro.

Hablar para contar, negociar y anticipar (entre los treinta y los treinta y seis meses)

En torno a los tres años, en el discurso del niño aparece el concepto del tiempo. Narrar o planificar sus acciones deja de estar limitado al presente, habla de lo que ha pasado y de lo que está por venir.

Las frases se alargan con más libertad. Inconstantes y desordenadas, le sirven para encadenar ideas, añadir breves explicaciones o justificar lo que hace o no quiere hacer. Además, emite sus primeros «porque», torpes, pero significativos. Más allá de hablar para expresar una necesidad, empieza a dar razones.

La inteligibilidad mejora. Aunque su pronunciación siga siendo inmadura, el adulto le entiende más porque las oraciones tienen una estructura estable. Usa los pronombres con mayor coherencia y puede referirse a sí mismo, al otro o a algo que no está presente sin necesidad de señalar.

Surgen también los primeros intentos de narrar. Relatos muy breves y fragmentarios sobre algo que ocurrió hace unas horas o el día anterior —«parque», «me caí», «mamá vino»—. Historias aún incompletas que tratan de reconstruir una experiencia. El niño selecciona escenas, las enlaza como puede y las ofrece al adulto esperando que las entienda y las complete.

La manera en que el adulto conversa con el niño continúa siendo fundamental para el avance del lenguaje. Esperar el turno, responder a lo que el niño dice, seguir su iniciativa y adoptar un discurso acorde a la situación es mucho más eficaz que hablarle en un discurso continuo sin diálogo. Se trata de hablar el uno con el otro. En ese intercambio, el niño aprende que el lenguaje sirve también para negociar. Puede aceptar los límites que se le explican, proponer alternativas —«después», «ahora no», «cuando termine»— para resolver conflictos cotidianos. Cuanto mayor es el dominio del lenguaje, menores son las pataletas y los gestos bruscos.

Hablar para anticipar es uno de los logros más importantes de esta etapa. Al poder imaginar lo que pasará después, le resulta más fácil tolerar la espera y organizar su conducta. Gracias al lenguaje puede completar una actividad, aceptar una consigna o posponer una acción sin necesidad de actuar de inmediato. Este uso del lenguaje marca un punto de inflexión. El niño puede comportarse sin necesidad de depender exclusivamente de lo que ve o de lo que hace. Prever, negociar y esperar empiezan a quedar mediados por la palabra. Y esa mediación favorece nuevas formas de autonomía, cada vez más complejas, gracias a esta capacidad de anticipar a través del lenguaje.

La importancia del «yo» (o por qué nunca se dijo «yo Tarzán, tú Jane»)

En algún momento entre los dos y los tres años, el niño empieza a utilizar el pronombre «yo». Un logro muy relevante, pues supone tener un punto de vista propio, la referencia desde la que se viven las experiencias y la que da continuidad a la persona en el tiempo.

Hasta entonces, el niño suele hablar de sí mismo en tercera persona y dice «el nene», «la nena» o usa su nombre, que reconoce desde aproximadamente el año de vida —«el nene quiere agua», «Marta cae parque, pupa pie»—. Otras veces se nombra con la segunda persona, y dice «tú no quiere galleta». Es la forma natural de hablar cuando la referencia todavía depende del contexto y del otro. Sin una perspectiva interna fija, el niño reproduce la manera en la que el adulto se dirige a él. Habla desde la posición externa prestada por su interlocutor. Aunque por experiencia entiende que «tú» se refiere a alguien en la interacción inmediata, todavía no comprende que «tú» y «yo» son términos que se intercambian según quién habla.

Sin embargo, dice correctamente cosas como «mío», «es mío» o «mío no» porque para utilizar el posesivo basta relacionar un objeto con el propio cuerpo, ya que ambos ocupan un lugar en el espacio y el posesivo establece la referencia posicional, externa, ligada a un objeto, a un territorio o a un turno. Por eso el posesivo emerge antes y con fuerza, es una de las primeras formas de diferenciación del entorno.

El «yo» lingüístico supone un paso distinto. Permite integrar recuerdos, intenciones y estados internos en un mismo marco, lo que precisa de una estrecha coordinación entre las redes implicadas en el lenguaje, la memoria autobiográfica y las emociones. Al decir «yo» se introduce una referencia que ya no necesita apoyarse en el aquí y el ahora. El niño puede hablar de sí mismo aunque no esté actuando, aunque el adulto no lo nombre, aunque el suceso haya terminado. Con el «yo» el lenguaje ofrece una posición desde la que decir el mundo.

Este avance coincide con otros cambios que ya hemos descrito. Contar, negociar y anticipar necesitan un punto de vista relativamente estable y el «yo» cumple esta función. Decir «yo» y «tú» es una sofisticación extrema que implica comprender que las palabras cambian de referente según quién las pronuncie, que las mismas formas lingüísticas pueden referirse a personas distintas en turnos distintos. Esta alternancia sólo se aprende en el intercambio. Sin relación no hay pronombres personales.

Es más, para manejar la alternancia de perspectivas, son necesarios muchos intercambios que la pongan en evidencia. Así que, la frase «yo Tarzán, tú Jane», utilizada para representar un lenguaje primitivo o infantil, no podría haberse pronunciado nunca. Un niño criado fuera del diálogo humano no adquiriría el uso de los pronombres personales, ni siquiera el de su propio nombre. Tarzán no puede saber que él es Tarzán. Sin otro con quien intercambiar posiciones, no hay «yo».

Por eso el «yo» tarda en consolidarse y su uso es inconstante durante un tiempo. Hasta que el ajuste entre lenguaje y punto de vista se afiance, el niño puede emplearlo correctamente en un contexto y volver a su nombre propio en otro.

Su aparición produce cambios visibles en la conducta del niño. Defiende su punto de vista, justifica sus acciones y expresa preferencias con mayor claridad. También aparecen conflictos nuevos porque decir «yo» supone diferenciarse y facilita el desacuerdo. Pero ahora, el lenguaje transforma la disputa en un intercambio verbal que permite prescindir de lo corporal. Es decir, el niño puede mostrar su oposición sin pegar, morder o empujar.

La importancia del «yo» reside en lo que posibilita: la narración autobiográfica, la responsabilidad, la regulación interna. Además de anticipar lo que va a pasar, el niño empieza a atribuirse lo que hace y lo que siente.

A partir de aquí, el lenguaje se convierte en un medio para construir identidad. Una tarea en curso, flexible, revisable. Un «yo» que se dice mientras se va formando.

YO CONTROLO, YO ESPERO, YO DECIDO, YO PUEDO

Para poder regular las necesidades del propio cuerpo, el niño tiene que notarlas. Hambre, sueño o ganas de hacer pis o caca son señales internas, a veces ambiguas, que avisan antes de convertirse en acción. La interocepción —la capacidad de percibir el estado interno del organismo— aporta información sobre el funcionamiento corporal y es clave para mantener el equilibrio. Influye en la conducta, en las emociones y en la percepción de uno mismo.

Estas señales están presentes desde nacimiento, pero se perciben como incomodidades poco definidas. Es el adulto quien las interpreta y actúa en consecuencia. Hacia los dos o tres años, el niño empieza a darse cuenta de qué siente. Nota una presión, una incomodidad, una somnolencia, y por primera vez puede hacer algo con esa información. El «yo» cobra sentido corporal. El niño ya no es sólo el lugar donde ocurren las sensaciones, es quien las percibe y decide. La interocepción se convierte en una fuente de avisos que pueden anticiparse, esperar y controlar.

Desde esta experiencia interna se entienden mejor muchos aprendizajes cotidianos. El orinal, el plato que se deja a medias, el momento de irse a dormir. Son expresiones de un niño capaz de escuchar lo que pasa dentro y actuar en consecuencia.

«Papá ha traído a casa una cosa nueva. Lo llama orinal. Es raro, pero bonito. Brilla, es duro. Dice mamá que me siente. No sé para qué, algo de quitar el pañal, pero yo voy limpio»

El orinal llega como un objeto extraño. El niño lo mira, lo toca, se sienta vestido, se levanta, lo empuja. Con casi tres años, sus padres sienten que «ya es el momento». Tienen pensado que empiece educación infantil el próximo curso y desde la escuela dicen que para admitirlo ha de controlar sus esfínteres. El tiempo apremia. ¿Será capaz de aprender tan rápido?

La retirada del pañal se considera un hito de autorregulación. El momento en que se consigue es muy variable, entre los veinticuatro y los treinta y seis meses.

Controlar los esfínteres exige interocepción, planificación motora, inhibición, tolerar demoras y entender consignas sencillas. Por eso suele lograrse cuando el lenguaje ya permite cooperar, anticipar rutinas y comunicar necesidades. Lo más adecuado es evitar las prisas y tener en cuenta si estas capacidades están presentes.

Hasta ahora, el cuerpo del niño funciona por descarga. Cuando hay ganas, ocurre. El adulto limpia, cambia, resuelve. Pero con el avance del lenguaje aparece la espera a sentarse, a que llegue el momento, a escuchar al propio cuerpo.

Por primera vez, el niño empieza a notar lo que ocurre dentro y a decidir qué hacer con ello. No siempre acierta. A veces llega tarde, otras se niega, otras se levanta antes de tiempo. Importa más el intento de gobernar el cuerpo en ese margen entre la sensación y la acción que el resultado.

Yo me siento.
No pasa nada.
Me levanto.
Miro dentro. Está vacío.
Me siento otra vez.
Me quiero levantar, pero mamá dice espera.
Espero.
Algo se mueve dentro, lo noto.
Ahora sí.
Miro.
Ha salido de mí.
Me río.
Mamá se ríe.
Yo he podido.

Entonces el adulto se acerca sin corregir ni apremiar. Explica en voz alta lo que acaba de ocurrir, que el cuerpo avisa antes y que, si se escucha, se puede esperar un poco, decidir y luego dejar salir. Habla de probar, de notar, de volver a intentarlo otro día si hoy no sale porque el orinal es una posibilidad, no una obligación.

Así, el niño empieza a entender el objeto y la espera. No se puede controlar su cuerpo, pero sí ayudarle a comprenderlo. Descubre que puede notar, decidir y actuar, que no todo ocurre de golpe y que existe un margen entre sentir y hacer en el que aparece el «yo puedo».

En el gesto sencillo de sentarse en el orinal confluyen muchas de las habilidades que el niño ya había adquirido: el control postural, un lenguaje anticipatorio y un «yo» que se apropia de la acción. El cuerpo pasa a ser un territorio gobernable.

Esta misma reorganización se observa en la ingesta. El niño empieza a reconocer el hambre y la saciedad como propias. Pide o rechaza, tiene preferencias, ajusta lo que come a lo que siente. Para consolidar esta autorregulación, el papel del adulto no cambia en lo esencial —ofrece un marco estable de horarios, alimentos disponibles, clima tranquilo de rutinas familiares en la mesa—, pero ahora se trata de acompañar al niño en sus decisiones, respetar el «ya no», el «esto no quiero». Cuando comer deja de ser una lucha, se favorece la interocepción. La ingesta se convierte en una acción dirigida desde dentro.

También el sueño se reorganiza desde esta experiencia del yo. El niño nota y aprende las señales de cansancio, pesadez y dificultad para mantener la atención que le avisan de que tiene sueño. Es el momento de empezar a gestionarlo. Puede protestar, resistirse o retrasarlo, pero también puede aprender a aceptarlo y dejarse ir. Además de proporcionar las condiciones de la habitación y las rutinas ya comentadas, el adulto puede verbalizar lo que pasa en voz suave —«tienes sueño», «se te ve cansado», «se te cierran los ojos»— y anticipar lo que va a pasar después —«te leo un cuento», «apago la luz», «un beso y te duermes»— así permite que se apropie del proceso al acompañarle en el reconocimiento y la confianza de que el cuerpo sabrá qué hacer.

Otra manera, esta silenciosa, de decir «yo controlo», «yo espero», «yo decido», «yo puedo».

Recomendaciones prácticas. Integrar acción y palabra

En esta etapa, la experiencia del niño empieza a organizarse de forma más coordinada. El cuerpo, la acción y el lenguaje ya no funcionan por separado y el entorno adulto puede facilitar que esa integración ocurra de manera natural en la vida cotidiana.

ÁREA	ACCIONES	EN CONCRETO
Motora postural	Facilitar la estabilidad de la postura sentada. Las posturas cómodas reducen la carga motora y liberan recursos para la atención y lenguaje.	• Durante actividades de escucha, juego o manipulación (incluidas las comidas), proporcionar asientos de su tamaño que le permitan mantener el tronco estable y los pies apoyados.
	Alternar actividades de movimiento y pausa. La alternancia favorece la regulación y la transición a un control más voluntario.	• Permitir cambios frecuentes de postura. • Dejar que haga breves desplazamientos entre actividades que requieren quietud.
	Nombrar las acciones. Facilita la integración entre control postural y lenguaje y esto la anticipación y la planificación de la acción.	• Decir en voz alta lo que el niño está haciendo: «estás sentado», «levantado», «mira cómo giras». • Evitar que parezca una retransmisión deportiva. • Incluir las frases de forma natural en la conversación o usar canciones infantiles.

Manipulativa	Ofrecer objetos que exijan coordinación bimanual. La manipulación activa ayuda a la planificación, la atención y el lenguaje.	• Objetos y juguetes adecuados al tamaño de sus manos. • Juegos de cerrar, encajar, enroscar, apilar o pasar objetos de una mano a otra. • Evitar piezas pequeñas con las que podría atragantarse.
	Verbalizar la acción mientras manipula. Fortalecer el vínculo entre mano, objeto y palabra facilita la integración entre acción y representación. Dar tiempo a que explore sin intervenir ayuda a ajustar el gesto.	• Nombrar lo que hace con verbos concretos: abrir, meter, sacar, caer, empujar. • Evitar mostrar de inmediato «cómo se hace». • Animarle a que acompañe la acción con habla espontánea.
Lenguaje	Ampliación del vocabulario y gramática temprana. La calidad del habla dirigida al niño y el vocabulario que oye predicen su crecimiento léxico. Añadir gestos a la palabra y palabras al gesto. Hablar al ritmo que le permita entender aumenta la eficiencia para reconocer palabras.	• Responder añadiendo palabras, sustantivos o verbos: «agua» → «quieres agua», «mamá agua» → «mamá te da agua». • Al enseñar verbos y conceptos acompañarlos de acción o gesto: «empuja», «tira», «encima», «debajo». • Introducir palabras nuevas dentro de la acción y en el momento en que sucede. Repetir la palabra varias veces:

		«colador», «quema», «vacío», «pesado». Usarla de nuevo en días siguientes y situaciones parecidas. • Hablar despacio, mantener frases breves, hacer pausas antes de la palabra clave. • No pedir que repita ni corregir de forma rotunda.
	Acompañar la cognición y el proceso mental mediante palabras favorece la anticipación. Invitar a pensar en voz alta.	• Verbalizar secuencias mientras actúa: «primero», «después», «otra vez». • Introducir palabras funcionales que planifican la experiencia: «más», «ahora», «después», «no», «mío», «espera». Usarlas en contextos similares y repetidos. • Ofrecer frases que pueda reutilizar para regularse: «a ver», «poco a poco», «aún no».
Comuni-cación y relación	Respetar los turnos de palabra favorece el avance lingüístico.	• Hacer una pregunta o un comentario corto, callar y esperar. Contestar de nuevo y volver a esperar. • Evitar el monólogo adulto.

	Aumentar la conversación. El uso conversacional del habla dirigida al niño mejora el vocabulario y la comprensión.	• Estimular la conversación en cualquier actividad cotidiana, incluso en las tareas más simples.
	Jugar cara a cara con objetivos comunes aumenta las conductas cooperativas y de participación social con niños y adultos.	• Proponer juegos cooperativos sencillos que obliguen a mirarse, esperar y coordinar: pasar piezas, construir por turnos, llevar algo juntos.
	Usar la atención compartida como regla de juego favorece el aprendizaje de significados y la intención comunicativa.	• Señalar, nombrar y esperar a que mire lo señalado antes de seguir.
	Negociación con frases cortas y pocas alternativas. Facilita el uso del lenguaje como principal medio de anticipación. Mantener un ambiente tranquilo y previsible.	• Ofrecer dos opciones reales: «este o este». • Poner límites con explicaciones mínimas: «ahora no, después». • Mantener un tono calmado, incluso al poner límites. • Repetir la misma fórmula verbal en situaciones similares. • Normas coherentes y estables.

Regulación corporal	Verbalizar el cuerpo para que el niño lo represente favorece la autonomía y el control corporal. Anticipar los cambios de actividad reduce el conflicto y educa la espera.	• Nombrar sus sensaciones y acciones: «tienes sueño», «tienes sed», «vamos a respirar». • Avisar antes de cogerlo, salir, bañarse o terminar el juego. Siempre con la misma frase.
	Atender a las señales de hambre y saciedad.	• Ofrecer variedad y horarios estables y rutinas, pero permitir que el niño exprese hambre o saciedad. • Evitar «acabar el plato» • Evitar usar la comida como premio o castigo.
	Rutina de sueño breve y repetida.	• Mantener siempre la misma secuencia: baño o aseo, cuento corto o conversación o rezar, luz tenue o apagada. • Horarios regulares. • Evitar la activación antes de dormir.
	Atender a las señales de preparación para acompañar el control de esfínteres.	• Iniciar el proceso cuando el niño puede permanecer seco periodos más largos, comprende instrucciones y muestra interés. • Usar una pauta estable. • Celebrar más el intento que el resultado. • No emplear castigos.

ENTORNO III

El cerebro social. De los tres a los seis años

Etapa del lenguaje

Alrededor de los tres años, los cambios que observamos en la conducta del niño reflejan profundas transformaciones cerebrales. Las estructuras corticales que ya han completado su organización —las áreas implicadas en el lenguaje, la memoria, la emoción y el control de la conducta— incrementan su sincronía. Al mismo tiempo, la mielinización se intensifica en las principales vías de conexión[23] y en los circuitos frontales, lo que aumenta su eficacia.

Este refuerzo de la conectividad permite que los sistemas cerebrales operen con mayor interdependencia, como una red integrada, y el control de la conducta se vuelve más estable. El niño puede inhibir respuestas impulsivas mientras maneja la información para comparar alternativas y elegir la más adecuada al contexto. Capaz de imaginar situaciones y de tener

23. Las vías de asociación conectan áreas corticales próximas; las vías largas enlazan regiones distantes del cerebro. Ambas, junto con los circuitos frontales, permiten integrar la información sensorial, emocional y cognitiva para dirigir la conducta hacia un objetivo.

en cuenta la reacción del otro, empieza a anticipar las consecuencias de sus actos. El lenguaje se convierte en el organizador central de la actividad cerebral, como integrador de estas funciones y mediador entre el mundo interno y el relacional.

El cerebro se vuelve verdaderamente social cuando las redes implicadas en el lenguaje se acoplan con las que regulan la emoción, la atención y la toma de decisiones. Comprender una frase implica ahora reconocer palabras, intenciones y estados de ánimo que configuran el contexto compartido. La experiencia deja de ser puramente individual y pasa a construirse con otros. Lo relacional —conversaciones, juego, normas y afecto— modela tanto la conducta como la organización funcional de estas redes en desarrollo.

Este cambio se hace visible de muchas maneras. El niño puede participar en juegos con reglas y asumir un rol simbólico, explicar lo que le pasa o negociar un desacuerdo. El conflicto se vuelve más frecuente y más complejo porque existe un yo diferenciado capaz de mantener su punto de vista y confrontarlo. La curiosidad se mantiene con preguntas y relatos. La conducta se vuelve más flexible, menos dependiente del cuerpo y más regulada por la palabra.

Esta etapa, entre los tres y los seis años, marca el paso de un cerebro centrado en la acción a un cerebro preparado para la convivencia. El aprendizaje se enriquece. La adquisición de habilidades nuevas se inscribe ahora en la comprensión de cómo funcionan las relaciones, cómo se resuelven los conflictos y cómo se participa en lo social.

Con la palabra, el aprendizaje se vuelve operativo y el entorno propiamente educativo, no tanto por lo que enseña, como por cómo organiza la convivencia, el conflicto y los significados compartidos.

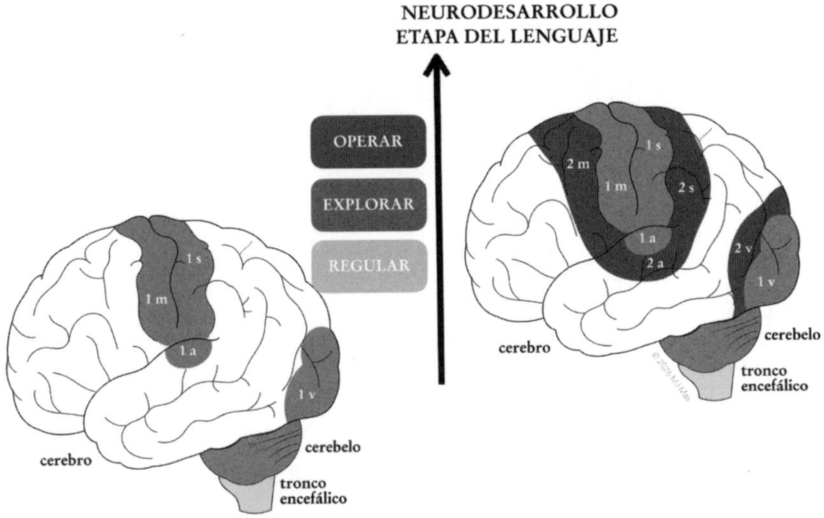

Figura 8. Neurodesarrollo del sistema nervioso central durante la etapa del lenguaje. En esta fase se completa la organización de las áreas secundarias motoras, somatosensoriales, auditivas y visuales, lo que favorece la integración entre percepción, acción y lenguaje. Las áreas de asociación continúan su desarrollo y alcanzarán una mayor especialización en etapas posteriores.
Ilustración original de la autora. @ 2026 MJ Mas Salguero.

8

La mente del otro

Veo el coche. Voy rápido. Lo cojo.
—Mío.
Él llega. Tira. Yo aprieto más.
—Es mío.
El coche cae. Me quedo quieto.
Él llora. Yo miro a mamá.
Mamá dice:
—Los dos queréis el coche.
Corro y lo cojo. Se lo enseño. No lo suelto.
Lo acerco. Lo alejo.
Nos miramos.
No sé qué hacer.
Él lo quiere.
Y yo también.

CUANDO EL OTRO NO ES YO

Durante mucho tiempo, el mundo del niño se rige por una lógica sencilla: toma lo que quiere y rechaza lo que no. El deseo empuja la acción y la acción resuelve la situación, es un intercambio directo con el entorno. Hay obstáculos, presencias que facilitan o interfieren, pero no personas diferenciadas con deseos autónomos.

Llega un momento en que esa lógica falla. Decir «mío» ya no basta, aunque se diga con convicción. El otro insiste, resiste, llora. Desconcierta comprobar que el propio interés no logra el objetivo. Hay otra voluntad en juego.

El descubrimiento de que el yo convive con otros yo es uno de los cambios más radicales de la etapa del lenguaje. El niño empieza a reconocer que el otro quiere algo distinto y que eso tiene consecuencias. Desde fuera, estos momentos suelen interpretarse como oposición, egoísmo o desafío. Desde dentro, el niño se encuentra por primera vez con un límite que no es físico ni inmediato, sino relacional, que no puede resolver sólo con la acción. Sorprendido, todavía sin empatía, se detiene y mira. Duda.

Esta capacidad para frenar el impulso indica que puede mantener activas en su mente dos representaciones incompatibles, su deseo y el del otro, la del objeto y la relación con la persona. Son dos focos de información que compiten y que exigen una mayor conectividad entre las redes implicadas en el lenguaje, la emoción y los circuitos frontales. El resultado es la aparición de un margen breve de indecisión detectable desde fuera. El niño sigue queriendo el coche y se da cuenta de que el otro también. Sin saber aún cómo resolverlo, intuye que las soluciones que conoce ya no sirven.

Cuando el adulto expresa lo que ocurre, da forma al conflicto. Palabras simples como «mío», «tú» o «los dos» le ayudan a entender la relación entre dos deseos opuestos y le ofrecen un modelo que él aún no puede construir por sí mismo: para seguir jugando hay que mantener la relación. Pensar al otro surge entonces como una necesidad práctica. El niño sospecha ahora que, en el espacio compartido, las soluciones ya no dependen sólo de la fuerza o de la rapidez, sino de tener en cuenta las intenciones ajenas.

El reconocimiento de que el otro también tiene deseos, y que pueden chocar con los propios, es la base sobre la que se construirán la negociación, el conflicto elaborado y la capacidad de ponerse en el lugar del otro.

Conflicto, empatía y mediación

Reconocer que el otro tiene deseos es el primer paso para comprender cómo se siente. Pero aún queda un recorrido largo y lleno de tropiezos. En este tramo del neurodesarrollo, el niño ya sabe que el otro también quiere cosas, pero eso no significa que pueda ponerse en su lugar ni modificar su conducta en respuesta a lo que el otro vive.

Con dos mentes en juego el desacuerdo es frecuente. Sin recursos suficientes para conciliar deseos incompatibles, el niño se desborda. Quiere algo y lo quiere ahora. El otro también. Y esta tensión se manifiesta en discusiones repetidas, estallidos emocionales y desenlaces que a veces funcionan y a veces no.

El niño capta el llanto del otro, nota su enfado o su tristeza, pero es una percepción frágil que queda fácilmente eclipsada por la propia. Se trata de una empatía ocasional que unas veces lo lleva a acercarse para ofrecer el objeto de disputa y otras a retirarse o insistir con más fuerza. Porque ante una experiencia nueva, su sistema nervioso actúa como se espera, ensayando distintas respuestas para encontrar la más eficaz.

La simpatía aparece antes que la empatía[24] propiamente dicha. Al niño le importa que el juego continúe, que el otro siga ahí, que la situación no se interrumpa. El otro empieza a contar en la acción, pero todavía falta la comprensión emocional.

Cada conflicto ofrece una oportunidad de aprendizaje que pone a prueba lo que el niño puede hacer. Usar su cuerpo, la palabra o buscar al adulto son respuestas diferentes según el momento del neurodesarrollo en que se encuentre su sistema nervioso, experiencias que reutiliza o descarta según su eficacia. En este proceso, el lenguaje empieza a mediar entre posiciones. Aparecen expresiones breves —«espera», «ahora no», «díselo», «no vale»— que aplazan la acción, piden tiempo o reclaman intervención. El adulto encauza la disputa con explicaciones y propuestas alternativas sencillas, acompaña al niño en su aprendizaje sin zanjar las discrepancias. De esta forma, le muestra que existen posiciones intermedias entre ganar o perder que permiten que la relación continúe.

Este acompañamiento facilita la experiencia del niño sin sustituirla. La construcción de la mente del otro es una tarea demasiado compleja para que el niño la afronte solo. Resolver la fricción con rapidez, decidir siempre quién tiene razón o evitar cualquier confrontación priva al niño del aprendizaje que necesita para convivir con otras voluntades. Del mismo modo, dejarlo solo ante situaciones que lo sobrepasan puede fijar respuestas impulsivas como única salida. El equilibrio está en permitir que ensaye, se equivoque y vuelva a intentarlo, sin imponer un final ni desaparecer.

24. La simpatía implica sentir con el otro desde la propia emoción; la empatía, comprender la experiencia y la emoción del otro, aunque sean distintas.

Según avanza esta etapa, el niño va anticipando esta mediación. Antes de empujar o gritar, mira o llama con mayor frecuencia. A través de los distintos desenlaces que el adulto le va proponiendo, comprende que su conducta tiene consecuencias y trata de adelantarse. La confrontación ya no irrumpe siempre de forma abrupta, en ocasiones piensa antes de actuar o se contiene mientras busca alternativas. Progresivamente, hace suya la mediación del adulto usando las estrategias aprendidas.

La precisión funcional que va adquiriendo el lenguaje resulta clave para organizar la interacción y reducir la pelea. Al principio permite sobre todo frenar o aplazar la acción; más adelante, explicar, justificar o reparar. Modifica el curso de la tensión al ganar tiempo para resolver el choque entre su deseo y el del otro. A la vez cambia la forma en que el otro es tenido en cuenta: pasa de una presencia que interfiere a una variable de la situación. Sin comprender aun plenamente el estado emocional ajeno, el niño empieza a saber que el otro responde, recuerda y reacciona de modo parecido al propio, y esta previsibilidad reduce la necesidad de recurrir al cuerpo como primer recurso. El desacuerdo sigue presente, aunque su forma cambia. Se alarga, se negocia, se repara. La emoción no desaparece, pero encuentra cauces más variados para expresarse. El proceso se vuelve más flexible, más predecible y menos dependiente de la intervención inmediata del adulto.

Conflicto, empatía y mediación son aspectos distintos de un mismo aprendizaje infantil. Aprender a estar con otros cuando no quieren lo mismo, a seguir jugando sin imponerse ni desaparecer. No siempre lo logra ni se espera que lo haga. Habrá éxitos, retrocesos, repeticiones y momentos de aparente estancamiento. Pero estas situaciones no desaparecen sin más cuando el juego termina. Dejan un rastro que vuelve a la mente del niño cuando algo parecido se repite. Entonces, ese eco despierta la memoria de lo que sintió y le permite empezar a anticipar qué podría pasar, ensayando otras formas de resolverlo. Aprende que el desacuerdo no tiene por qué romper el vínculo y que la emoción puede expresarse, recordarse y compartirse sin perder la calma.

Memoria, relato e identidad

El lugar del cuerpo es el aquí y el ahora. En las etapas iniciales del neurodesarrollo, el sistema nervioso recoge y almacena percepciones y movimientos. Recuerdos corpóreos que pueden reactivarse en forma de sensaciones físicas. Aunque podemos traerlos de nuevo a la mente de forma consciente, suelen aparecer cuando menos lo esperamos. Un perfume fresco en una tienda de ropa te hace pensar en tu hermana. Las piedras blancas rodeando un parterre te llevan a casa de tu abuela. El tacto del jersey de lana te devuelve a los brazos de tu madre. Otras memorias son automáticas y se convierten en acciones rutinarias inconscientes a las que no prestamos atención. Meter la llave en la cerradura de casa para abrir la puerta. Deslizar el índice por la pantalla del móvil para contestar una llamada. O el simple caminar por la calle.

Pero ahora que te las he nombrado, todas ellas se representan con claridad en tu mente. Han pasado del cuerpo a la palabra, de memorias implícitas a explícitas. No necesitas que tu cuerpo huela, vea, toque, tampoco girar tu muñeca, usar el índice o alternar el movimiento de tus piernas para saber de qué estamos hablando. El lenguaje y tu mente hacen el trabajo.

En el momento en que el otro empieza a ser tenido en cuenta, las vivencias compartidas ya no desaparecen cuando el cuerpo abandona la escena del suceso o pasa un tiempo. Apoyadas en las, todavía escasas, palabras del niño, pueden hacerse explícitas, traerse al pensamiento de manera deliberada e incluso contarlas en circunstancias distintas a la original. Estas primeras memorias declarativas son frágiles, pero resisten lo suficiente para evocar lo ocurrido horas o días antes.

La memoria del niño conserva lo vivido, lo siente de nuevo y lo ordena para contarlo. Después, lo dice.

Más allá de una reacción corporal o emocional, el acontecimiento puede evocarse, señalarse y ponerse en común. Contar introduce una distancia mínima con el suceso que permite mirarlo de nuevo y darle forma. Para ello recuerda lugares, gestos y pequeñas secuencias. Necesita darles sentido y contexto, además de incorporar al relato la experiencia emocional. Cada vez que lo cuenta lo reconstruye y empieza a dar forma a su memoria autobiográfica.

Al poner palabras a lo ocurrido, lo hace más manejable. El enfado, la frustración o la alegría dejan de ser sólo estados corporales para convertirse en algo que, si puede evocarse y explicarse, también puede regularse. Pero necesita conversar con el adulto para estructurar su discurso desde fuera. —«Te enfadaste», «te caíste», «después vino mamá»— frases o preguntas sencillas que ayudan a reformular el recuerdo. La escucha atenta de las respuestas del niño, con pequeñas afirmaciones o correcciones, le ayuda a enlazar lo que pasó antes con lo que vino después, a distinguir lo que hizo de lo que sintió, a reconocer a los otros implicados. Este diálogo constructivo contribuye a que pueda ordenar la secuencia y nombrar sus emociones. Cada vez que lo narra, el episodio se reescribe, se afina y gana coherencia. La memoria conserva lo aprendido y lo transforma.

Lenguaje y memoria avanzan de la mano. A medida que el recuerdo se vuelve más preciso, la palabra necesita ser más concreta. Cuánto más puede decirse lo que pasó, más estable se vuelve la memoria que lo guarda.

En esta identidad narrativa incipiente, el niño empieza a reconocerse como alguien al que le pasan cosas, que estuvo allí, que sintió algo y que puede volver a traerlo al presente con palabras. Esta primera sensación de continuidad y pertenencia da más peso al «yo» y va construyendo su historia personal.

Compartir recuerdos implica pensarse a uno mismo y pensar al otro en una historia compartida que ya no queda atrapada en lo corpóreo ni en el presente, y que inaugura una nueva forma de relacionarse.

Pensar al otro con palabras

La empatía, como el «yo», no puede enseñarse de forma explícita. Emerge a través de los contextos relacionales, cuando el niño se encuentra con el otro y su presencia despierta emociones intensas que todavía no sabe identificar, nombrar y, menos aún, decidir qué hacer con ellas.

En esta confusión inicial, el adulto presta consuelo y, sobre todo, su lenguaje. Acabamos de ver cómo conversar con el niño sobre lo que ha pasado le ayuda a definir mejor sus emociones y a incorporar experiencias valiosas a su historia personal. Como una brújula, las palabras del adulto que describen lo que siente le ayudan a planificar sus acciones; así puede orientarse y proyectar el futuro sin quedar atrapado en la respuesta corporal. Se trata de hacer la emoción pensable para que no le desborde y pueda reconocer patrones que le ayuden en futuras situaciones.

Lo deseable es que ese lenguaje prestado funcione como una medicación, es decir, evitar un tono y un contenido aleccionador. En un ambiente acogedor, el adulto puede traducir en palabras lo que le pasa al niño, sin exagerarlo ni minimizarlo, y situar sus inquietudes en un marco comprensible. Describir lo que ha pasado con pocas palabras, pero con detalle y siguiendo la secuencia ordenada de los hechos. «Querías el coche y te ha dado rabia que él lo cogiera». «A él también le gustaba y se ha enfadado cuando le has empujado». Estas formulaciones sencillas aclaran la experiencia interna del niño y, al mismo tiempo, muestran que otros niños también la tienen y que es similar a la suya. Las pausas entre frases para esperar una respuesta, dan tiempo a que el niño comprenda y recuerde. Facilitan esa vuelta a la emoción del suceso, pero en la seguridad de la distancia y la confianza de una compañía familiar. No conviene analizar demasiado ni dar largas explicaciones porque le resulta confuso. Tampoco resolver el problema de forma directa ni imponer una solución. Es más eficaz dar cabida a la introspección, para que le ayude a resolverlo por sí mismo. Animarle a buscar soluciones: «¿Qué puedes hacer antes de quitárselo?». «¿Le pides turno?». «¿Buscar otro mientras esperas?». De esta manera el niño descubre que lo que siente cambia, que el otro también tiene deseos propios y que hay soluciones que satisfacen a los dos.

Más allá de su función comunicativa, el lenguaje así prestado actúa como organizador de la experiencia emocional. Introduce orden, continuidad y posibilidad de elección allí donde antes sólo había impulso.

Las emociones también pueden aclararse con calma mediante de la lectura compartida. A través de la ficción, el niño entra en contacto con personajes que, como él, desean, dudan, se equivocan y reparan. En ese espacio, ficticio y externo, el niño no necesita reaccionar de inmediato. Puede escuchar, anticipar e imaginar. La historia crea una distancia suficiente para considerar lo que le ocurre a otro sin que el propio impulso tome el control. El adulto presta su atención y su voz al relato. Señala, pregunta, espera y, sin interpretar en exceso ni traducir cada emoción, deja que el niño vaya descubriendo conexiones. Un «¿por qué crees que se ha enfadado?» o un «¿qué quería hacer?» evita que la lectura se convierta en un examen, mientras abre nuevas perspectivas con múltiples soluciones de distinto valor. El cuento se convierte entonces en una experiencia compartida. Un intercambio que favorece la atención conjunta y permite comprender motivaciones, crear expectativas y anticipar reacciones. En un entorno íntimo y seguro, la lectura recrea lo esencial para que la mente del otro empiece a emerger y, al mismo tiempo, el lenguaje se enriquece con nuevas palabras, estructuras narrativas y formas de explicar, que el niño incorpora sin esfuerzo consciente.

Para que el niño aprenda a pensar al otro, lo decisivo es que el adulto se ajuste a vivir con él la situación. Que le ayude a detectar lo que ocurre, a esperar, a reparar y, si no funciona, volver a intentarlo. Entonces, el otro aparece como mente, como alguien que también interpreta, responde y puede sentirse contento, herido, enfadado o aliviado.

Por eso la pantalla, los dibujos animados, aun en su mejor versión educativa, no iguala la calidad del aprendizaje relacional. Al contrario, desplaza la conversación. Disminuye las explicaciones del adulto y los turnos de intercambio y fragmenta la atención del niño entre el ritmo fijo de la narración audiovisual y la presencia del adulto, que queda forzado a acoplar sus comentarios a una secuencia que no controla. En definitiva, cuando se mira una historia en pantalla, el niño puede entender lo que ocurre, pero le falta lo más formativo, el puente entre la escena y su propia experiencia. Lo audiovisual reduce las posibilidades de entrenar la reciprocidad y la perspectiva ajena, justo los entresijos del aprendizaje «del otro».

En cambio, la lectura compartida y la conversación permiten detenerse, preguntar, dudar y conectar lo que hace un personaje con una experiencia reciente. Operan de manera complementaria. Facilitan la construcción de la empatía y la mediación al ofrecer experiencias en las que el otro puede ser tenido en cuenta sin precipitar la acción. Al mismo tiempo, impulsan el desarrollo del lenguaje en su dimensión más compleja, aquella que permite narrar, explicar, anticipar y reparar. Forman parte de un entorno relacional en el que el niño dispone de tiempo, palabras y compañía para ir comprendiendo que las experiencias no se viven sólo desde dentro. A través de estos espacios compartidos, la mente del otro deja de ser una abstracción y empieza a adquirir sentido.

Se trata de un aprendizaje lento y acumulativo en el que la palabra va desplazando a la acción como primer recurso. Con el tiempo, ese otro que antes descolocaba deja de ser sólo un obstáculo y empieza a convertirse en un compañero de juego.

Recomendaciones prácticas. Hacer visible al otro

Cuando el niño ya se interesa por lo que los demás piensan, sienten o recuerdan, es el momento de que el lenguaje adulto le ayude a avanzar en su propia identidad y en el reconocimiento del otro.

ÁREA	ACCIONES	EN CONCRETO
Lenguaje	Introducir vocabulario mental y emocional. Su uso temprano facilita la comprensión de estados mentales propios y ajenos.	• Usar de forma natural palabras como «pensar», «creer», «querer», «recordar», «imaginar», «estar triste o enfadado». Integrarlas en situaciones reales sin explicarlas de forma didáctica.
	Conversar sobre experiencias pasadas y recientes favorece la organización narrativa, la memoria autobiográfica y la integración emocional de la experiencia.	• Recuperar episodios vividos con el niño y narrarlos en orden temporal simple. • Usar frases cortas y secuenciales: «pasó esto», «después aquello». • Hacerlo horas o días después del evento, no solo en el momento emocional.
Comunicación y relación	Hablar sobre el otro como sujeto con mente propia para facilitar la toma de perspectiva y la comprensión social.	• En situaciones cotidianas y de conflicto, verbalizar la perspectiva ajena: «él quería», «ella pensó

		que», «se ha asustado». • Nombrar intenciones y emociones del otro sin exigir una respuesta inmediata.
	Mediar en conflictos a través del lenguaje, no resolviéndolos. La mediación lingüística repetida mejora la competencia social y la regulación emocional.	• Acompañar el conflicto describiendo lo que ocurre y con palabras que organicen la interacción. • No imponer siempre la solución. • Favorecer turnos, espera y reparación verbal o gestual.

9

El poder del juego

La niña se sienta en el suelo con una muñeca entre los brazos. No tiene otros juguetes cerca, ni platos ni comida. Aun así, lleva una cuchara imaginaria a la boca de la muñeca y dice:

—Come.

Repite el gesto varias veces. Sopla antes, como si la comida quemara. Mira a la muñeca esperando algo. Sonríe. Luego levanta la vista y busca al adulto.

—Está calentito —dice.

El adulto asiente sin decir nada. La niña retoma el juego y ahora limpia la boca de la muñeca con esmero.

Aunque la cuchara, el plato y la comida son invisibles, la acción es reconocible.

Algo parecido hace el niño que finge sostener una taza vacía. Se la acerca a la boca, emite un sonido breve y exclama:

—¡Café!

Después, acerca sus manos al adulto ofreciéndole la taza imaginaria. Espera. Y sonríe cuando el adulto la acepta.

El juego simbólico

El juego simbólico aparece en un gesto, frágil, casi íntimo, que transforma la acción en representación.

Ese gesto aparece pronto, en torno a los dos años, y anuncia un cambio profundo en la manera de pensar y jugar. El niño muestra que ya no necesita actuar directamente sobre los objetos para comprenderlos. Puede evocarlos, sustituirlos, hacer ver que existen aunque no estén presentes. La idea le basta para generar acción. Esto supone que el cerebro ha alcanzado un grado de desarrollo suficiente para separar el significado de la experiencia inmediata. La imagen mental se coordina con una secuencia de gestos, mientras las palabras acompañan, enfatizan la representación. Este «hacer como si» indica un uso del lenguaje que ya permite la abstracción. Liberado de la dependencia de lo real, el niño finge comer sin comida, beber sin taza o acostar a una muñeca —un objeto que no puede sentir sueño—.

En este punto, la idea del yo está más consolidada y permite al niño intercambiar papeles, hacer de «el otro» —«soy la mamá», «el cocinero»—, sin perder su propio punto de vista. Al dar de comer a una muñeca o preparar un café imaginario, ensaya acciones que ha vivido desde el otro lado. Aunque todavía no necesita compartir el juego para que esto ocurra, si hay adultos cerca los busca para involucrarlos, para que legitimen la escena.

Pero jugar no es sólo inventar objetos o situaciones. Mientras juega —con o sin objeto-juguete— el niño tiene que mantener activa una representación mental que no necesita un soporte material. La cuchara no existe, pero la escena en su mente sí y para conservarla tiene que coordinar sus gestos y ajustar sus acciones a esa ficción. El juego simbólico le exige un esfuerzo para dar continuidad al pensamiento. Su importancia reside en aprender a no perder el hilo mientras ejecuta una acción. Pero, sin sostén físico, la idea se desvanece cuando se le interrumpe de forma brusca.

Para el niño el juego simbólico es real. Su fantasía existe porque la vive como una forma de estructurar y entender lo que conoce. Reproduce acciones cotidianas —dar de comer, cuidar, limpiar, ofrecer—, experiencias cargadas de significado para él. Al reproducirlas en el juego, no las copia sin más. Decide el ritmo, el orden y el desenlace de la acción. En su espacio íntimo actúa como un director de cine. Puede detenerse, exagerar un gesto o repetirlo porque las consecuencias no son reales. La trama está conducida por el relato interno y breve que orienta lo que hace. Es una novedad importante, el niño actúa porque «toca» hacerlo dentro del juego, no por exigencias de un guion externo.

Al inicio, el símbolo necesita del cuerpo. Las acciones —dar de comer, empujar, tapar— aguantan el significado y el movimiento mantiene viva la escena. Con el avance del lenguaje las palabras ayudan a fijarla, a retomarla si se interrumpe o a hacerla reconocible para otros. Sin ser aún el conductor del juego, el lenguaje lo acompaña y refuerza.

Para el niño de la especie *Homo sapiens*, jugar es la manera natural de aprender a estar en el mundo.

Ha sido así desde siempre. En muchas culturas, la infancia no estaba separada de la vida adulta. Antes de que existieran las escuelas, los cuadernos o las explicaciones formales, los niños aprendían mirando, imitando y probando. Observaban cómo se afilaba una herramienta, cómo se cocía el pan o cómo se cuidaba un animal, y luego lo repetían en pequeño, a su escala.

Los hallazgos de juguetes en excavaciones arqueológicas de todo tiempo y lugar —época romana o medieval; Mesopotamia o mundo maya—, lo confirman. Muñecas articuladas, cocinitas, carros pequeños o animales con ruedas muestran que, ya entonces, los niños jugaban con versiones reducidas del mundo adulto. En el museo Nacional Arqueológico de Tarragona se conserva una muñeca articulada de marfil[25] hallada en el enterramiento de una niña de época romana. Aunque de pequeño tamaño y esmerada factura, sus brazos y piernas móviles sugieren que no era un adorno funerario, sino un objeto usado y querido. Un juguete.

Antes de que le diéramos el nombre de juego simbólico, los niños ya ensayaban la experiencia humana a través de juguetes o de objetos. También para aquellos niños un palo sería una lanza, un caballo o un bastón; una piedra, una moneda o un tesoro. El juego era, y es, la forma principal de aprender, de reproducir lo cotidiano y de transformarlo en algo propio.

El juego no es un descanso entre aprendizajes, es el lugar donde se entretejen. Donde el niño aprende a separarse de lo inmediato sin abandonar el cuerpo, a representar sin desprenderse de la acción, a acercarse al mundo adulto sin dejar de ser niño.

Jugar es, en esta etapa, la forma más eficaz y natural de comprender cómo funcionan las cosas. Y también, cómo funcionan los vínculos.

25. La muñeca puede verse en <https://www.mnat.cat/es/obra/24/muneca-articulada-de-marfil/>.

El cuerpo en juego

El cuerpo sigue siendo el punto de partida del juego. El niño salta, corre, empuja, trepa o gira una y otra vez. En cada repetición se impone a sí mismo pequeñas dificultades que afinan sus acciones y si algo no funciona, se para. Sin necesidad de consignas externas, espera antes de lanzarse, mide la fuerza, cambia el recorrido o renuncia a la idea inicial. Son decisiones corporales que exigen freno y ajuste, una forma temprana de control. Durante el juego, también hay momentos de excitación, de miedo contenido, de frustración breve y de alivio posterior. El niño se activa, se desborda un poco y vuelve a un nivel más tranquilo que le resulta manejable. Ese vaivén repetido le enseña a reconocer sus límites propios y a volver a la calma sin ayuda constante.

Entre la adquisición de la marcha y los tres años, el cuerpo gana agilidad. A partir de entonces, de los tres a los seis años, avanza el control de la postura. Inclinarse sin perder el equilibrio, agacharse, correr y frenar, mantenerse sobre un pie para chutar con el otro o saltar a la pata coja son hitos que se adquieren a medida que las regiones corticales de asociación refuerzan su imbricación. Al mismo tiempo, los dedos de las manos se mueven de forma completamente independiente y los gestos ganan precisión. La coordinación entre ambas manos se afina, la pinza permite más minuciosidad en los trabajos y los gestos se hacen intencionales. Construir, encajar, dibujar, modelar o vestir una muñeca son acciones que requieren una secuencia compleja de movimientos y una sincronía con la vista y el resto de los sentidos. Este mejor dominio corporal amplía las posibilidades de juego y, a medida que se perfecciona, el niño puede liberar la vigilancia sobre su postura y gestos, con lo que se consigue una atención más sostenida.

En el momento en que la representación se incorpora al juego, este control corporal se pone al servicio de la situación imaginada.

Recomendaciones prácticas. Dejar jugar

El juego es la esencia de la infancia. En cualquier momento, con cualquier cosa y a la menor oportunidad, el niño elige jugar. Sin dirigirlo ni convertirlo en una tarea, el juego se vuelve más coherente y compartido con pequeñas intervenciones que lo enriquecen.

ÁREA	ACCIONES	EN CONCRETO
Juego simbólico	Proponer juego de ficción con objetos abiertos, que facilitan el juego simbólico asociado al desarrollo del lenguaje.	• Ofrecer materiales poco definidos: cajas, telas, palos, figuras simples, utensilios de cocina sin función real.
	Entrar un momento en el juego y retirarse; la competencia social es más fuerte cuando el juego simbólico es más elaborado y coherente.	• Unirse brevemente para modelar una acción simbólica sencilla y después dejar que el niño continúe dirigiendo.
	Facilitar palabras para que el niño encadene acciones y que el juego se vuelva más narrativo.	• Poner verbos y conectores muy simples mientras juega: «primero», «después», «ahora», «porque», «y», etc.

Juego y relación	Priorizar juego compartido de «calidad» frente a cantidad.	• Favorecer juegos con coordinación real, turnos, roles que se mantienen, negociación de reglas simples.
	Enseñar habilidades sociales concretas dentro del juego.	• Practicar en situaciones de juego habilidades observables, pedir turno, ofrecer, proponer, ceder, reparar.
	Incorporar lenguaje emocional y de resolución de problemas.	• Introducir frases cortas para identificar emoción y buscar alternativas: «te enfadaste», «qué podemos hacer», «probamos otra cosa».

10

Educar en la curiosidad

Una niña de dos años intenta encajar una pieza en un puzle. La gira, la prueba en varios huecos y frunce el ceño. Vuelve a intentarlo. Luego mira al adulto que está cerca. No pide ayuda. Espera.

El adulto observa unos segundos. Sin colocar la pieza, señala con un dedo el hueco que corresponde y dice en voz baja:

—Ahí.

La niña vuelve a intentarlo. No encaja. Se queda quieta un instante. El adulto no insiste. Espera.

La niña gira la pieza una vez más y otra, ¡ahora sí! Se muestra contenta y el adulto aplaude.

En estos primeros años, el niño necesita sentir que puede intentar hacer cosas solo, pero también que el adulto está disponible. La intervención adulta debe ser mínima y acorde al momento. Cuando se adelanta, interrumpe el proceso y no deja que el niño lo intente por sí mismo.

Ahora es un niño de cinco años el que se sienta en el suelo para atarse los cordones de los zapatos. Cruza los lazos, tira con fuerza y se le escapan. Vuelve a empezar, pero esta vez se detiene un momento antes de apretar. No le sale. Suspira y lo intenta otra vez.

El adulto está cerca. Mira y espera. El niño levanta la vista, como buscando una señal. El adulto no interviene y se muestra tranquilo. El niño vuelve a cruzar los cordones, aprieta demasiado pronto y el nudo se deshace. Se queda unos segundos con los cordones en la mano y vuelve a empezar, más despacio.

Entre los dos y los cinco años las habilidades del niño mejoran y cambia la manera en que se enfrenta a los retos.

A los dos años, el intento es breve y la experiencia depende mucho del presente inmediato porque la memoria de trabajo[26] es poco duradera, la anticipación limitada y la tolerancia a la frustración escasa. La niña prueba, se detiene, vuelve a empezar, pero cualquier interferencia podría hacerla abandonar. Ahora la presencia adulta necesita ser cercana y poco invasiva, se trata de orientar sin resolver, señalar lo justo y retirarse a tiempo dando espacio a que la niña lo haga por sí misma. El adulto acompaña con intervenciones pequeñas que permiten que el intento siga siendo suyo.

El niño de cinco años ya puede permanecer más tiempo en la tarea. Recuerda lo que acaba de hacer, compara intentos y ajusta la acción sin perder el hilo. Aunque la dificultad no desaparece, errar no desorganiza el proceso. El aprendizaje depende menos de la ayuda directa, que a menudo entorpece, que del tiempo disponible para insistir. El adulto sigue presente, observa, espera y confía en que el niño puede continuar.

26. Se trata de una memoria provisional que almacena y elabora la información necesaria mientras se completa una tarea.

Esta adaptación del adulto es clave. Al actuar según el momento del neurodesarrollo del niño, la experiencia de aprender se aviva. El niño adquiere una habilidad concreta y aprende a confiar en sus propias capacidades. Puede enfrentarse a un desafío, insistir y encontrar por sí mismo una manera de avanzar.

Esa confianza recién adquirida se pone a prueba en cuanto el aprendizaje sale de la seguridad del hogar para ampliar el mundo conocido.

El valor de esperar

A partir de los tres años, el cuerpo ya no lleva siempre la iniciativa. Claro que sigue ahí, activo y disponible. El niño continúa siendo movido, salta, corre y habla con agilidad, pero aparece una cierta contención. ¿Qué ha pasado? Que el niño habla. Es verdad que con frases breves, de tres o cuatro palabras, que rara vez enlazan ideas y con verbos mal conjugados, pero habla para acompañar lo que hace: «yo corro con mamá», «quiero más agua», «ahora no voy». El juego nace del cuerpo y el lenguaje lo sigue. Cuando la acción se interrumpe, la palabra también suele hacerlo. El significado es literal y cercano.

Llega un momento, hacia los seis años, en que el juego se puede planear, retomar o modificar aunque no esté sucediendo en ese instante. Incorpora reglas más estables, roles más definidos y secuencias más largas. Las palabras son ahora el centro de organización de la acción porque el lenguaje ya es fluido. Con frases largas, de adulto y completas. Usa complementos, utiliza conectores y modifica los verbos de manera adecuada. Puede explicar qué va a hacer, retomar lo que dejó a medias o explicar lo esencial de un suceso sin necesidad de repetirlo entero.

De los tres a los seis años, lenguaje y juego se transforman mutuamente. De la palabra ligada al gesto se pasa a la palabra que conecta, anticipa y transforma la experiencia. A partir de ahí, el niño puede preguntarse, explorar sin resolver de inmediato y aprender sin que todo tenga que pasar por la acción. El juego es entonces el espacio para organizar lo vivido y el punto de partida para una curiosidad cada vez más activa.

Palabras en juego

Además de para nombrar y pedir, el lenguaje del niño de tres años empieza a servir para relacionar. Aunque su vocabulario se ha ampliado, el verdadero cambio no está en cuántas palabras conoce, sino en cómo comienza a encadenarlas. Aparecen nexos sencillos, aún poco constantes, que le permiten explicar los sucesos en orden y darles continuidad: antes y después, ahora y luego; tú y yo; si ocurre esto, entonces pasa aquello.

Estas palabras cotidianas pueden parecer accesorias a ojos del adulto, pero son transformadoras. Permiten anticipar y reorganizar la acción y, de este modo, el juego deja de ir a su remolque. El niño empieza a anunciar lo que va a hacer antes de hacerlo, a señalar qué sigue ahora o a corregir un desajuste sin necesidad de repetir toda la secuencia. El juego ya no depende sólo de la actividad corporal. Se apoya en estas conexiones verbales que permiten que la escena permanezca activa durante más tiempo.

A partir de aquí, el niño empieza a comprender algo nuevo. Que los hechos no están aislados y que pueden relacionarse entre sí. Que lo que pasa ahora tiene que ver con lo que pasó antes y con lo que vendrá después. El lenguaje permite mantener esas relaciones presentes mientras juega, y la escena ya no se desbarata cuando hay una pausa, una interrupción o un conflicto menor.

Los conectores temporales, causales y espaciales cumplen entonces una función precisa, la de organizar el mundo mientras se actúa en él. Al decir «porque», el niño empieza a establecer vínculos entre hechos. Al usar «cuando termine», introduce una secuencia que permite esperar. Al decir «después te toca», reconoce un orden pactado que no depende de la fuerza ni de la inmediatez.

El juego es el contexto ideal para este aprendizaje porque permite probar estas relaciones sin consecuencias reales. Si la secuencia falla, se corrige. Si el acuerdo no funciona, se renegocia. El niño no necesita dominar estos nexos para utilizarlos: los usa, se equivoca y los ajusta mientras juega. Así, el lenguaje amplía sus capacidades. Además de nombrar, pedir y explicar, empieza a servir para relacionar lo que ocurre.

Con el uso, esta función relacional se afianza y el juego cambia de calidad. Deja de ser una suma de acciones para convertirse en una experiencia más organizada. Sin eliminar lo corporal, el lenguaje introduce una primera estructura que abre el camino a formas de juego más estables y a una atención menos dependiente del impulso inmediato.

Cuando el tiempo deja de ser «ahora»

En el tramo que va de los tres a los seis años, la comprensión del tiempo empieza a cambiar. Para el niño pequeño, el tiempo es fundamentalmente inmediato. Lo que ocurre ahora ocupa casi todo su espacio mental y le resulta difícil separar el presente de la experiencia corporal que lo acompaña. Cuando la acción se detiene, también lo hace el interés.

De manera gradual, esta vivencia se amplía. El niño empieza a extender la duración de las cosas. Puede esperar un turno, anticipar lo que vendrá después o recordar lo que ya pasó para continuar jugando. Palabras como «todavía», «luego» o «cuando acabe» no describen el tiempo, lo organizan. Le permiten actuar sin precipitarse y aceptar que no todo sucede a la vez.

Hacia los cinco años aparece un avance especialmente relevante. El niño empieza a diferenciar ayer, hoy y mañana como referencias temporales distintas. Al principio las utiliza de forma imprecisa. «Mañana» puede significar cualquier cosa que no es ahora. Poco a poco, estas palabras adquieren precisión. Ayer empieza a referirse a una experiencia pasada que ya no puede modificarse y mañana señala algo que aún no ha ocurrido, pero que llegará. Hoy se convierte entonces en el punto de referencia compartido desde el que se organizan las acciones.

Esta diferenciación se ensaya con facilidad jugando. Recordar lo que ocurrió ayer en una historia, decidir qué se hará mañana o retomar hoy una escena iniciada hace días obliga a situar los acontecimientos en una secuencia temporal. La repetición consolida la comprensión de que los hechos se distribuyen en el tiempo y no ocurren todos en el presente.

A medida que estas relaciones se hacen más familiares, el tiempo deja de ser una vivencia inmediata ligada al cuerpo y empieza a funcionar como una referencia compartida. El niño puede esperar, posponer y retomar sin que la experiencia se desorganice. Esta nueva relación con el tiempo amplía el margen para explorar, probar alternativas y mantener la atención durante más tiempo.

Jugar a vivir historias

En los primeros años de esta etapa, el juego simbólico suele desarrollarse en escenas breves y reconocibles. El niño hace de mamá, de papá, de médico o de maestro. Los roles son claros, los guiones sencillos y las acciones se repiten con pequeñas variaciones. El juego se organiza alrededor de gestos conocidos y situaciones cotidianas que el niño ha vivido muchas veces. Dar de comer, acostar, curar, mandar callar.

Con el tiempo, el juego empieza a cambiar de nivel y se hace más complejo. Ya no se limita a reproducir una situación aislada, sino que encadena acciones. El niño no juega sólo a ser el médico, juega a todo lo que ocurre antes, durante y después de ir al médico. Esperar, entrar, salir, volver a casa. La escena se alarga y adquiere una lógica interna. Lo importante deja de ser únicamente el rol y pasa a ser el desarrollo de los acontecimientos.

Entre los cuatro y los seis años, esta transformación se hace más evidente. El juego puede abarcar episodios completos de la vida diaria. Un día de vacaciones, una visita, un viaje, una celebración. Las acciones se organizan en una secuencia con sentido. Hay un inicio, una progresión y un final, aunque no siempre estén claramente delimitados. El niño puede detener el juego y retomarlo más tarde sin perder el hilo, porque la experiencia ya no depende únicamente del presente corporal.

Al mismo tiempo, el juego se libera progresivamente de lo vivido. A partir de experiencias reales, el niño empieza a imaginar situaciones que no ha experimentado directamente.

En 2013, un niño se hizo famoso en España porque los Reyes Magos le trajeron «¡un palo, un palo!». Seguro que recuerdas el anuncio.[27] Al abrir el paquete se alegraba como si hubiera recibido el mejor juguete del mundo. Un palo puede ser todo: una espada, una cuchara o un micrófono.

Cuando se observa a los niños pequeños, se ve que no necesitan objetos complejos para inventar juegos. Cuanto menos definido es un objeto, más posibilidades tiene de decidir qué es y para qué sirve. Una caja puede ser una casa o un coche. Una piedra basta para poner en marcha una historia. El mejor juguete del mundo es la imaginación.

Aventuras en una nave espacial, exploraciones, rescates... En verdad, no es una fantasía desligada de la realidad. Se trata de una reorganización creativa de lo conocido, y en ella se ancla la fantasía de lo que nunca ha visto. El niño combina elementos reales para construir escenarios nuevos, más largos y complejos.

Este cambio exige recursos distintos. Para mantener una historia prolongada, el niño necesita tener presentes varios elementos a la vez: qué ha pasado, qué está ocurriendo ahora y qué podría ocurrir después. Además, también necesita coordinar acciones con otros, aceptar interrupciones y reajustar la escena cuando algo no encaja. El lenguaje cumple aquí una función central, pues permite enlazar episodios, marcar transiciones y dar continuidad a la experiencia sin necesidad de ejecutarla toda de una vez.

27. Puede verse en <https://youtu.be/-Rs0MWypVAs>.

Así, entre los tres y los seis años, el juego deja de ser sólo una representación de roles para convertirse en un espacio donde se ensayan experiencias completas. El niño sigue jugando a «ser alguien», pero ahora su personaje «vive algo». Y en ese tránsito aprende a organizar la realidad como una secuencia de acontecimientos conectados, una forma de comprender el mundo que va mucho más allá del juego.

Aprender a jugar con otros

A medida que el juego se prolonga y complica, también cambia la forma en que los niños se coordinan entre sí. Para que la experiencia del juego funcione, además de compartir un espacio o un objeto, hace falta ajustarse, esperar, ceder y volver a entrar en el juego cuando algo se estropea. Hacen falta reglas.

El niño empieza a reconocer que el juego sólo funciona si hay acuerdos implícitos. Turnos que se respetan, papeles que se mantienen durante un tiempo, límites que no conviene traspasar si se quiere seguir. Cuando algo no encaja, no siempre se resuelve con la acción. A veces hace falta parar, renegociar o cambiar el guion. Esta capacidad de ajuste aparece de manera progresiva y depende menos de la intervención adulta directa que de la propia acción de jugar.

En este momento del desarrollo, el adulto sigue siendo necesario. Observa, espera y acompaña sin adelantarse para no interrumpir el proceso e impedir que sea el propio niño quien pruebe otras soluciones pactadas con sus compañeros. Equivocarse y cambiar de idea es parte del aprendizaje.

Con cinco años, el niño puede permanecer más tiempo

realizando una tarea, recordar lo que acaba de hacer y comparar intentos sin perder el hilo. Aunque la dificultad no desaparece, el error ya no le hace abandonar. El aprendizaje depende menos de la ayuda directa, que a menudo entorpece, que del tiempo disponible para insistir. El adulto sigue presente, pero confía en que el niño puede continuar.

Esta adaptación del adulto es clave. Al actuar de acuerdo con el momento del neurodesarrollo del niño, la experiencia de aprender se mantiene viva. El niño adquiere una habilidad concreta y, al mismo tiempo, aprende a confiar en sus propias capacidades. Puede enfrentarse a un desafío, insistir y encontrar por sí mismo una manera de avanzar.

Así, entre los cinco y los seis años, las reglas dejan de venir siempre de fuera. Se integran en el propio juego y permiten que la experiencia continúe sin necesidad de supervisión constante. El niño empieza a desenvolverse en escenarios compartidos cada vez más diversos, preparado para aprender en contextos nuevos.

El cerebro curioso

El juego es también una fuente constante de variaciones. Imitar la acción de otro permite comparar ambas, descubrir qué ocurre si algo cambia o se prueba de otra manera. Al desviarse de lo ya conocido, el niño no se conforma con hacer como los demás y se pregunta cómo funcionan las cosas o qué puede pasar después. Y de ahí, de la diferencia, surge la curiosidad, un impulso que empuja a explorar, a atender y a aprender.

Ese interés por indagar resulta de la capacidad anticipatoria que posibilita el momento en que se encuentra el neurodesarrollo. Ahora más mielinizadas, las redes corticales implicadas —de la percepción, memoria y emoción— comparan la consecuencia inmediata de una acción con lo que esperaban que ocurriera según las vivencias previas. Cuando hay coincidencia, el resultado se añade a la concordancia anterior y refuerza ese aprendizaje; cuando hay diferencia la atención se activa. Las áreas sensoriales registran el cambio, el hipocampo[28] lo compara con la experiencia y los circuitos dopaminérgicos se disparan para señalar que esa discrepancia merece ser explorada: aquí hay información nueva que puede ser útil.

La dopamina, a menudo asociada de manera simplista con la recompensa, cumple en este proceso una función distinta: provoca expectativa ante la sorpresa. Cuando el resultado no está del todo claro, surge el impulso de averiguar qué está pasando. Si todo está resuelto de antemano o la tarea resulta inabordable, la curiosidad desaparece. El cerebro curioso se mueve entre márgenes tolerables de incertidumbre. Por eso la atención y la concentración no pueden imponerse desde fuera. Ante el desconcierto, las redes frontales que inhiben el impulso, revisan la experiencia y mantienen la atención permanecen activadas. El propio sistema nervioso se toma el tiempo necesario para comprender. No hace falta insistir.

Podríamos comparar la aparición de la curiosidad con lo que ocurrió en la antigua Atenas. En el periodo arcaico, la representación de los mitos griegos tenía un valor ritual y su repetición conservaba el orden simbólico. Con el tiempo, ya en la Atenas clásica, la tragedia deja de ser sólo ritual y se convierte en un espacio de variación deliberada. El mito podía

28. Parte del lóbulo temporal con funciones importantes en la memoria y en la navegación espacial.

reinterpretarse para explorar un conflicto moral, sus tensiones y su ambigüedad. El público aceptó entonces que una misma historia pudiera contarse de formas distintas, mostrar dilemas nuevos, finales abiertos o conflictos sin una resolución clara, sin que ello pusiera en riesgo el orden del mundo. De esta separación progresiva entre mito y logos, de reinterpretar sin que el mundo perdiera su coherencia, surgió un espacio nuevo para el pensamiento. En torno al jardín de Academo, donde más tarde enseñaría Platón, la conversación pudo separarse del ritual y del dogma. Pensar exigía examinar, comparar y poner en duda.

La curiosidad necesita precisamente eso: un entorno en el que desviarse de lo esperado no suponga perder el sentido ni la pertenencia, pues sólo entonces el cerebro se permite atender, contrastar y aprender.

Aprender cuando no se sabe

Se aprende cuando lo que falla obliga a ajustar la acción, sin llegar a provocar un bloqueo. En ese margen estrecho de incertidumbre, entre lo evidente y lo inaccesible, se sitúa la semilla del aprendizaje infantil.

Para el niño pequeño equivocarse forma parte del aprendizaje. No lo vive como un fracaso. Necesita detectar que algo no encaja para poder completar la acción modificando los pasos que no funcionan como esperaba. En este recorrido, equivocarse es inevitable y acertar, secundario. El resultado, bueno o malo, se utiliza para afinar la respuesta siguiente.

El error cumple su función informativa cuando no arrastra una carga emocional y la experiencia se desarrolla sin presión externa. En cambio, cuando deja de interpretarse como una señal y pasa a vivirse como una amenaza, el cerebro se protege y deja de explorar. Si se corrige de inmediato o se penaliza, el niño deja de intentar comprender y actúa para evitar las consecuencias. La atención se pierde, la iniciativa se inhibe y la curiosidad se repliega. Un entorno que no exige una respuesta correcta inmediata da ocasión a que el niño complete los pasos hacia la comprensión. Al dejar margen para que el niño encuentre dónde corregir y tiempo para hacerlo, el error se convierte en uno de los motores más eficaces del desarrollo cognitivo.

Cuando el niño puede explorar sin temor a fallar, insiste. Y cuando consigue comprender, aparece la motivación. Comprobar que el esfuerzo y tiempo dedicados le permiten entender mejor lo que ocurre le impulsa a seguir. Esta disposición se apoya en circuitos cerebrales que conectan esfuerzo y entendimiento. Cada vez que una acción conduce a una mejor comprensión, se refuerzan las redes implicadas en la atención y la memoria. El sistema nervioso registra que insistir merece la pena porque la experiencia se vuelve más predecible.

La motivación incita a continuar, a mantener la atención, da sentido a la repetición y hace más tolerable la dificultad. Cuando aprender tiene sentido, los estímulos y las recompensas se vuelven innecesarios. El niño se implica y se aplica en la tarea al comprobar que comprender y recordar le facilitan desenvolverse en el entorno y ganar autonomía.

En este momento del desarrollo, el papel del adulto vuelve a ajustarse. Acompaña sin dirigir, observa sin anticiparse y confía.

Recomendaciones prácticas. Confiar en el aprendizaje

Ya hemos visto que la interacción cotidiana con otros niños favorece el juego compartido y a su vez permite descubrir conceptos abstractos como el paso del tiempo. La presencia de un adulto que muestra confianza en las capacidades del niño y ofrece su experiencia sin imponerse es de gran ayuda para que el aprendizaje avance.

ÁREA	ACCIONES	EN CONCRETO
Lenguaje y juego	Introducir el «por qué» y el «porque» como elemento conductor ayuda a establecer relaciones causales.	• Cuando aparezca el «por qué», contestar con una frase breve que conecte hechos: «Llora porque se ha caído». • Evitar explicaciones largas en las que el niño se pierde.
	Usar palabras para pactar reglas simples. Esto facilita la comprensión del acuerdo y su eficacia sobre la imposición.	• En juegos compartidos, introducir fórmulas cortas que sirven de contrato: «turno», «te toca», «ahora yo», «así sí». Repetirlas siempre igual. • Cuando algo se estropea, parar y reformular en una frase: «vale, cambiamos», «otra idea».

	Explicar el punto de vista del otro.	• En conflicto o desacuerdo, nombrar dos deseos en paralelo con una frase neutra y sencilla: «Tú quieres seguir y él quiere parar».
Lenguaje y cognición	Facilitar la comprensión del tiempo como una convención compartida.	• Nombrar secuencias con fórmulas constantes: «cuando termine, te toca», «después de cenar, cuento».
	Admitir el error sin culpabilizar.	• Cuando algo falle, no correr a corregir ni a valorar. Decir algo como «no encaja aún» y quedarse cerca.
	Fomentar la curiosidad a través del lenguaje.	• Si pregunta, contestar con una pregunta simple o una pista: «¿Qué crees que pasa si…?». • Evitar respuestas apresuradas. La palabra mantiene activa la exploración sin necesidad de resolverla al instante.

El aprendizaje fuera de casa

Llega un momento en que el niño empieza a aprender fuera del ámbito familiar, a desplegar su curiosidad en nuevos entornos. El primero y más relevante es la escuela.

La entrada a la escuela supone un cambio profundo en su vida. Por primera vez se separa de su núcleo más íntimo y entra en un nuevo contexto liderado por otros adultos, acompañado de otros niños y con otras reglas. El marco relacional se amplía y se hace menos predecible. La curiosidad sigue siendo esencial, pero ahora bajo nuevas condiciones de aprendizaje. El niño pasa de una relación individual con un adulto que se ajusta a su ritmo particular, a un entorno colectivo en el que debe compartir espacios, tiempos y expectativas. Esto exige una reorganización importante de su atención y de su manera de implicarse.

Sabemos que el aprendizaje escolar temprano es más eficaz cuando hay una continuidad con las formas previas. El maestro que permite explorar, preguntar y equivocarse sin prisa convierte el aula infantil en un entorno ideal que favorece la curiosidad del niño. Escuchar explicaciones, interesarse por lo que otros hacen y comparar estrategias son oportunidades para ajustar las propias. Por el contrario, una presión temprana centrada en el resultado puede debilitar esa buena disposición. Si el énfasis recae en completar tareas, responder correctamente o seguir el ritmo de la clase, el niño empieza a actuar para cumplir más que para entender. Asimila lo justo para avanzar, pero pierde profundidad en el proceso.

El docente tiene pues un papel decisivo. La manera de presentar una actividad, el tiempo que se concede para realizarla y su reacción a los errores influyen de forma directa en la disposición a implicarse en la tarea. Cuando el adulto valora el proceso y no sólo el resultado, el niño se atreve a probar. Cuando se da espacio a la pregunta, la curiosidad sigue actuando como el principal motor del aprendizaje.

Este primer aprendizaje fuera de casa es un hito fundamental. De cómo se viva este cambio de entorno dependerá en buena medida que el niño asocie aprender con el interés por descubrir y entender, o con la necesidad de cumplir expectativas ajenas.

A partir de aquí, el progreso en el conocimiento será una experiencia compartida, más compleja, que exigirá nuevas formas de atención, de espera y de implicación, y que necesita otros entornos.

El hilo conductor del neurodesarrollo: criar con amor y disciplina

La crianza implica una toma constante de decisiones orientadas a acompañar y favorecer el desarrollo de la persona durante su infancia. Supone, además, crear un clima estable y de disponibilidad, capaz de aportar orden y dar sentido a lo que ocurre mientras el niño no pueda hacerlo por sí mismo.

En este recorrido por el neurodesarrollo hemos visto que el entorno es mucho más que un decorado, pues actúa como un escultor paciente que moldea el sistema nervioso. Ya desde antes de la concepción, brinda a la biología las oportunidades que le permiten desplegar su potencial. Cada vivencia deja huella, pero lo que da coherencia al conjunto es esa relación con quien cuida: el vínculo.

El cerebro no madura como un órgano aislado al que después se le añaden experiencias sociales, sino que sus circuitos se construyen en interacción con otras personas. En las primeras etapas, el niño se regula, interpreta el mundo y tolera la espera, el malestar o la incertidumbre de manera prestada, porque le ayudan desde fuera. Sin esa mediación, el crecimiento biológico seguiría su curso, pero de forma más frágil y menos integrada. Ningún circuito implicado en la emoción, la atención o el comportamiento prospera en soledad.

Sobre esta relación íntima se articula la crianza. Criar con amor significa ofrecer una base segura desde la que explorar y equivocarse sin temor. Criar con disciplina supone introducir normas que sirvan al niño para entender el mundo, prever las consecuencias y asumir que convivir requiere renuncias. El cerebro infantil necesita previsibilidad para sentirse a salvo y desafío para avanzar; consuelo y espera; comprensión y límites. Amor y disciplina no son las caras opuestas de la crianza, son complementarias.

Cuando se evita el conflicto, se elimina cualquier dificultad o se impone la obediencia, el desarrollo de la autonomía se empobrece. En cambio, un entorno afectivo seguro proporciona los recursos para afrontar los problemas sin esquivarlos. El vínculo positivo suaviza el estrés y las reglas lógicas organizan la conducta. De esta combinación surge la confianza necesaria para desplegar las propias capacidades y asumir retos.

Criar es acompañar al niño en su crecimiento y, en esta travesía hacia la edad adulta, el vínculo es el nexo fundacional sobre el que se construye la persona que ese niño llegará a ser.

Formas de vincularse

A lo largo del desarrollo temprano, el sistema nervioso del niño aprende a manejarse en el mundo a través de su relación con quienes lo cuidan. Un intercambio estrecho y forjado en el tiempo, que da lugar a distintos patrones de adaptación que conocemos como tipos de vínculo.

Cuando el adulto se muestra receptivo a las demandas y predecible en su apoyo, el niño se siente atendido y gana confianza para explorar el entorno. De esta manera se establece un «vínculo seguro». El mundo se le aparece como un lugar que merece la pena conocer y siente que puede hacerlo con el respaldo de sus mayores.

En los casos en que la disponibilidad del adulto varía, unas veces está presente y otras ausente, el niño se vuelve muy demandante. Permanece vigilante y le cuesta separarse porque no puede anticipar cuándo el otro va a estar dispuesto para él. Entonces, en vez de centrarse en interactuar para aprender, invierte sus recursos en asegurarse la atención. Esta conducta pone de manifiesto un «vínculo inseguro ambivalente».

Puede configurarse un «vínculo inseguro evitativo» si las peticiones del niño no obtienen respuesta o generan rechazo. En esas circunstancias, reduce sus demandas y aparenta ser autosuficiente, pero en realidad, esa supuesta independencia es fruto de su experiencia. Es su sistema nervioso regulándose en la fragilidad de la soledad, y el niño termina inhibiendo sus expresiones emocionales para no causar molestias y preservar la relación.

Hay otras situaciones en las que el cuidado es tan incongruente o atemorizante que dan lugar a un «vínculo desorganizado». El niño no sabe cómo acercarse a un adulto que es su fuente de protección, pero que también le amenaza, y su sistema nervioso oscila entre impulsos contradictorios de acercamiento y rechazo. Sin estrategia se desorienta y su comportamiento se vuelve imprevisible.

Los tipos de vínculo no son categorías cerradas ni permanentes. Cada uno es el resultado de cómo se atiende al neurodesarrollo y revela qué solución adaptativa conviene al sistema nervioso para proteger la relación de la que depende su supervivencia. Pueden coexistir, variar según el contexto y transformarse con nuevas experiencias. El vínculo describe la historia de los cuidados recibidos.

Reconocer los distintos tipos de vínculo permite comprender qué necesita el sistema nervioso durante su desarrollo inicial, cómo aprende a pedirlo y procurar así las mejores condiciones para que el niño crezca en una relación de afecto y confianza.

Aprender a separarse

La primera expresión del vínculo es corporal. Para el niño es una percepción física que empieza en el útero, en contacto total. El sistema nervioso se forma y organiza dentro de otro cuerpo que lo protege, nutre y acompasa. Demanda y respuesta son parte de una misma continuidad biológica donde el cuidado es constante.

El nacimiento transforma esa unión. Siempre dispuestos, los brazos que acogen, mecen y alimentan, convierten el vínculo en una sucesión de gestos cotidianos. Un abrazo contiene el malestar y devuelve la calma. El calor de la piel, la ternura de una caricia y el ritmo de la voz indican cuándo es posible separarse con tranquilidad por unos momentos.

Con la creciente autonomía motora, el niño necesita estar menos tiempo en brazos. Cuando consigue mantenerse en pie y caminar por sí mismo el cuidado se desplaza de nuevo. Ahora la mano del adulto lo acompaña. Desde una distancia corta —en su espalda, tendida o a su lado—, permite el movimiento sin perder la referencia. La mano sujeta, guía y, poco a poco, aprende a soltar.

Sostenido ahora por la mirada y las palabras, el niño camina confiado y aprende a nombrar, a explicarse y a entender al otro.

El vínculo se mantiene durante mucho tiempo —a menudo toda la vida—. Esa mano confiada sobre el hombro y esa mirada atenta son expresiones de un objetivo compartido, alcanzar un futuro autónomo e independiente.

Estrés sí, pero en compañía

El estrés forma parte de la vida. Ante lo inesperado, lo incómodo o lo nuevo, el sistema nervioso se activa. El del niño también. En respuesta, aprende, se adapta y crece. Sin embargo, el cerebro infantil aún no está preparado para afrontar una estimulación intensa. El malestar prolongado o repetido lo desborda y, sin los mecanismos necesarios para recuperar el equilibrio, busca protegerse en lugar de aprender. Necesita una contención externa que haga tolerable el estrés.

Frente a la tensión, el principal factor protector es una figura adulta disponible. Su cercanía reduce la potencia de la respuesta fisiológica y permite al niño recuperar la calma. Consigue amortiguar el impacto del obstáculo aun sin eliminarlo, porque ofrece protección y acompañamiento ante la frustración, la espera, el error o el miedo.

Junto al adulto, el niño puede superar el malestar y cada vez que lo consigue se siente más confiado, pues se da cuenta de que la incomodidad tiene un final. Si además de su compañía, el adulto explica lo que está ocurriendo, le recuerda situaciones similares o le anticipa lo que va a pasar, el niño dispondrá de una estructura que dará sentido a la experiencia y reducirá su desasosiego. Así, progresivamente, el adulto puede separarse físicamente del niño sin que el pequeño quede desbordado. El simple recuerdo de su presencia y sus palabras le genera seguridad y cumple una función reguladora. La previsibilidad del final le permite enfrentarse al estrés sin quedarse atrapado.

De esta manera, la tensión de lo nuevo, lo incómodo o lo inesperado cumple su función de enseñar y preparar, sin entorpecer el desarrollo.

Los límites protectores

Poner límites es cuidar. Su falta deja al niño sin referencias externas, sin pistas sobre qué se espera de cada situación. Dominado por el impulso, el sistema nervioso infantil necesita ayuda para contener la acción y darle sentido. Los límites ordenan sus deseos cuando aún no puede comprender las consecuencias. Son la guía que le permite parar para elegir y aprender.

La calma, la repetición y las palabras sencillas ofrecen previsibilidad frente al grito o el temor que imponen obediencia. Al reducir la incertidumbre, mostrando o explicando lo que puede suceder tras una acción, se liberan recursos para aprender sin perder la atención. El niño obedece porque el vínculo permanece mientras se le señala qué hacer.

El enfado, la protesta o el llanto expresan la frustración que provocan las normas. Un adulto que tolera esas reacciones sin abandonar al niño ni endurecerse le ayuda a comprender que esas emociones importan y que el malestar que generan es pasajero.

A medida que el lenguaje va contribuyendo al control de la conducta, el propio niño empieza a participar en su regulación. Puede anticipar consecuencias, tener en cuenta al otro y negociar sus condiciones.

Los límites proporcionan un marco estable para que el niño explore, conviva y tome decisiones con mayor seguridad. Así, en un entorno predecible y de cuidado, el neurodesarrollo encuentra su propio ritmo sin forzarlo.

Estar ahí

A lo largo del libro hemos visto cómo el cerebro humano empieza su desarrollo. Cómo, desde la vida intraútero hasta los seis años, va activando sus competencias en un diálogo constante con el entorno que lo acoge, regula y da sentido. Cada vivencia es un aprendizaje que va orientando el camino. No hay dos biologías iguales, tampoco dos recorridos idénticos.

Por eso, criar no consiste en aplicar fórmulas ni en alcanzar un ideal. Nunca hemos hablado aquí de perfección, porque el neurodesarrollo no la necesita. Demanda consonancia, presencia y un ambiente ordenado y protector que permita su avance sin interrupciones. Adultos que amortigüen el estrés, que pongan límites razonables y que conduzcan al niño hacia su autonomía. Amor y disciplina.

El error es inevitable. En este viaje habrá desencuentros y momentos en que todo descarríe. Forman parte del equipaje. Importa estar pendiente, reconocerlos y repararlos. El niño aprende de lo que sale bien, pero, sobre todo, de lo que puede volverse a intentar bajo la mirada atenta de quien le cuida.

Criar es acompañar un proceso frágil, plástico y profundamente humano que no se puede acelerar ni forzar. Que encuentra su propio ritmo cuando el entorno lo atiende. Estar presente, ofrecer sentido, acompañar y soltar a tiempo. Eso es lo que perdura. Lo que estrecha el vínculo.

Porque al final, no se trata de hacerlo todo bien. Se trata de estar ahí.

Apéndice

Cómo he pensado este libro

Con este libro no he querido proponer un calendario del neurodesarrollo con los hitos que un niño debería adquirir en cada momento. La intención ha sido explicar cómo el sistema nervioso va desplegando sus funciones a través de las propuestas de su entorno. Y no lo hace en línea recta. Las habilidades no tienen por qué integrarse en el mismo orden en que surgen y, además, las que un día parecen afianzadas, al siguiente pueden flaquear. El neurodesarrollo progresa ensayando, ajustando y también retrocediendo. Todo ello forma parte del aprendizaje.

Quiero ofrecer al lector el mapa que me he trazado para recorrer esta escritura. Una mirada de conjunto que ayude a entender la progresión de las funciones que van emergiendo, cómo se ponen a prueba y cómo el entorno ayuda a integrarlas.

Mapa funcional: esquema de la evolución de cada función

[FUNCIÓN]: condiciones iniciales → se pone a prueba → se integra

➤ la flecha señala las condiciones basales
● el círculo indica la puesta en marcha y la tensión
▶ el triángulo marca una función integrada

Formas de [REGULACIÓN]

del cuerpo — al vínculo

prestada

Condiciones iniciales

➤ El sistema nervioso inmaduro no puede autorregularse.
➤ Respira, come y duerme de forma automática y cualquier cambio lo desequilibra.
➤ La estabilidad es prestada y depende de una contención externa.
➤ Ritmo, contacto y repetición configuran el aprendizaje no consciente.

Función en activo

➤ Sentirse protegido para poder organizarse.

compartida

Cómo se pone a prueba

● El malestar aparece una y otra vez.
● La calma no siempre se restablece igual y puede demorarse.
● La contención corporal del adulto demuestra que la incomodidad tiene un final posible.

Función en tensión

● Volver al equilibrio sin desbordarse.

interiorizada

Cómo se integra

▶ El niño reconoce las señales previas al desbordamiento.
▶ Anticipa lo que va a pasar, espera un momento, solicita.
▶ La regulación empieza a apoyarse en la relación con el otro y después en el lenguaje.

Función integrada

▶ Puede regularse sin perder el vínculo.

del movimiento

Formas de

[ACCIÓN]

a la intención

reflejo

Condiciones iniciales

- ➤ La acción surge como una respuesta automática a la estimulación.
- ➤ El movimiento surge sin planificación ni representación previa.
- ➤ Las sensaciones y sus consecuencias inmediatas organizan la experiencia.

Función en activo

- ➤ Actuar en respuesta directa al entorno.

intención

Cómo se pone a prueba

- ● Una misma acción no siempre produce el mismo resultado.
- ● El error obliga a ajustar el gesto.
- ● La acción deja de ser sólo reacción y comienza a organizarse en función de un objetivo.

Función en tensión

- ● Transformar el acto reflejo en una acción intencionada.

juego organizado

Cómo se integra

- ▶ La acción deja de ser una sucesión de intentos y se organiza en una secuencia reconocible.
- ▶ El niño puede repetirla porque anticipa lo que ocurrirá después.
- ▶ Coordina movimiento, atención y relación con el otro.
- ▶ Aparece el juego como forma estable de exploración y aprendizaje.

Función integrada

- ▶ Explorar el entorno mediante un juego organizado.

Funciones del [LENGUAJE]

del sonido

al mediador interno

comunicar

Condiciones iniciales

- ➤ El sonido surge como exploración motora y sensorial.
- ➤ Las vocalizaciones no tienen aún un significado estable.
- ➤ El adulto interpreta, responde y da sentido a esos sonidos.
- ➤ La comunicación se apoya en la situación compartida.

Función en activo

- ➤ Provocar una respuesta en el otro mediante el sonido.

organizar

Cómo se pone a prueba

- ● Una misma palabra no basta para expresar situaciones distintas.
- ● El malentendido aparece con frecuencia.
- ● El niño ajusta lo que dice para ser comprendido.
- ● La palabra empieza a acompañar la acción.

Función en tensión

- ● Usar el lenguaje para organizar lo que ocurre y no sólo para obtener algo.

anticipar

Cómo se integra

- ▶ Las palabras permiten representar lo ausente y lo que aún no ha sucedido.
- ▶ El lenguaje precede a la acción y la regula.
- ▶ El niño puede explicar, justificar y anticipar.
- ▶ La palabra media entre emoción, acción y relación.

Función integrada

- ▶ Pensar y actuar a través del lenguaje.

de reaccionar

Modos de [CONTROL]

a decidir

reacción

Condiciones iniciales

- ➤ La conducta responde a lo que ocurre en el momento.
- ➤ La acción se desencadena sin demora ni representación previa.
- ➤ El impulso resuelve la acción inmediata.

Función en activo

- ➤ Responder con rapidez a lo que sucede.

pausa

Cómo se pone a prueba

- ● El resultado de la acción no siempre es el esperado.
- ● Aparecen situaciones incompatibles o conflictivas.
- ● El niño se detiene, mira y duda.
- ● La pausa introduce un margen entre deseo y acción.

Función en tensión

- ● Mantener la representación antes de actuar.

elección

Cómo se integra

- ▶ El niño puede anticipar consecuencias.
- ▶ Utiliza gestos o palabras para ganar tiempo.
- ▶ Espera, negocia o cambia de estrategia.
- ▶ El control se apoya en la experiencia y en el lenguaje.

Función integrada

- ▶ Elegir la acción sin perder flexibilidad.

de interferencia

Formas de

[RELACIÓN]

a relación compartida

obstáculo

Condiciones iniciales

- ➤ El otro irrumpe en la acción como un obstáculo.
- ➤ El deseo propio dirige la conducta.
- ➤ El objetivo es obtener el objeto o imponer la propia intención.

Función en activo

- ➤ Actuar sin considerar la voluntad del otro.

presencia

Cómo se pone a prueba

- ● El otro insiste, resiste o reclama.
- ● El «mío» deja de resolver la situación.
- ● El conflicto se repite con desenlaces distintos.
- ● El niño se detiene, observa y empieza a tener en cuenta al otro para que la actividad continúe.

Función en tensión

- ● Reconocer que el otro también quiere algo.

referencia

Cómo se integra

- ▶ El niño anticipa la reacción del otro.
- ▶ Usa palabras antes de actuar.
- ▶ Puede esperar, negociar o reparar.
- ▶ La relación empieza a orientar la acción.

Función integrada

- ▶ Tener en cuenta al otro como referencia para decidir.

En diagonal

Vistas en conjunto, estas funciones muestran cómo el neurodesarrollo se va organizando en contacto con el entorno y mediante ensayos que no siempre terminan estabilizándolas.

En todas aparece la misma progresión. La acción deja de estar dominada por lo inmediato y eso permite la pausa para que surjan la anticipación, las palabras y la consideración por el otro. Maneras cada vez más sofisticadas de estar en el mundo.

Cada función necesita un marco de contención que ponga límites y ofrezca continuidad para que el neurodesarrollo pueda avanzar con fluidez. Porque la crianza consiste en estar disponibles para proteger la fragilidad del cerebro en formación y dar forma a la experiencia cotidiana.

Volvemos así a lo esencial. El neurodesarrollo se acompaña, no se controla, y cuando se combinan amor y disciplina el niño encuentra su propio modo de estar, pensar y relacionarse.

Bibliografía

INTRODUCCIÓN: CEREBRO Y APRENDIZAJE

Johnson, M. H., «Interactive specialization revisited. A revised view of brain development», *Developmental Cognitive Neuroscience,* vol. 1, n.º 1, 2011, pp. 7-21, <https://doi.org/10.1016/j.dcn.2010.11.003>.

Kolb, B., y Gibb, R., «Brain plasticity and behaviour in the developing brain», *Journal of the Canadian Academy of Child and Adolescent Psychiatry,* vol. 20, n.º 4, 2011, pp. 265-276, <https://doi.org/10.1002/9780470015902.a0024228>.

Lagercrantz, H., y Changeux, J. P., «The emergence of human consciousness from fetal to neonatal life», *Progress in Brain Research,* n.º 177, 2009, pp. 409-417, <https://doi.org/10.1016/S0079-6123(09)17726-7>.

Stiles, J., y Jernigan, T. L., «The Basics of Brain Development», *Neuropsychology Review*, vol. 20, n.º 4, 2010, pp. 327-348, <https://doi.org/10.1007/s11065-010-9148-4>.

1. El entorno invisible

Campbell S., «A Short History of Sonography in Obstetrics and Gynaecology», *Facts, Views and Vision in Obgyn*, vol. 5, n.º 3, 2013, pp. 213-229, <https://pmc.ncbi.nlm.nih.gov/articles/PMC3987368/».

Craighero, L., «An embodied approach to fetal and newborn perceptual development», *Brain and Cognition*, n.º 179, 2024, 106184, <https://doi.org/10.1016/j.bandc.2024.106184>.

Donald, I., «Apologia: How and why medical sonar developed», *Annals of the Royal College of Surgeons of England*, vol. 54, n.º 3, 1974, pp. 132-40, PMC 2388393. PMID 4593690.

—, y MacVicar J., Brown T. G., «Investigation of abdominal masses by pulsed ultrasound», *The Lancet*, vol. 271, n.º 732, 1958, pp. 1188-1195, <https://doi.org/10.1177/00369330401900501>.

Donovan T., Dunn K., Penman A., Young R. J., y Reid, V. M., «Fetal eye movements in response to a visual stimulus», *Brain and Behavior*, vol. 10, n.º 8, 2020, e01676, <https://doi.org/10.1002/brb3.1676>.

Fleming, T. P., Watkins, A. J., Velazquez, M. A., Mathers, J. C., Prentice, A. M., Stephenson, J., Barker, M., Saffery, R., Yajnik, C. S., Eckert, J. J., Hanson, M. A., Forrester, T., Gluckman, P. D., y Godfrey, K. M., «Origins of lifetime health around the time of conception: Causes and consequences», *The Lancet*, vol. 391, n.º 10132, 2018, pp. 1842-1852, <https://doi.org/10.1016/S0140-6736(18)30312-X>.

Forestell, C. A., «Does maternal diet influence future infant taste and odor preferences? A critical analysis», *Annual*

Review of Nutrition, n.º 44, 2024, pp. 313-337, <https://doi.org/10.1146/annurev-nutr-121222-101404>.

Gluckman, P. D., Hanson, M. A., y Low, F. M., «Evolutionary and developmental mismatches are consequences of adaptive developmental plasticity in humans and have implications for later disease risk», *Philosophical Transactions of the Royal Society B*, vol. 374, n.º 1770, 2019, 20180109, <https://doi.org/10.1098/rstb.2018.0109>.

Mariani, B., Nicoletti, G., Barzon, G., Ortiz Barajas, M. C., Shukla, M., Guevara, R., Suweis, S. S., y Gervain, J., «Prenatal experience with language shapes the brain», *Science Advances*, vol. 9, n.º 47, 2023, eadj3524, <https://doi.org/10.1126/sciadv.adj3524>.

Mínguez-Alarcón, L., Williams, P. L., Souter, I., Ford, J. B., Hauser, R., y Chavarro, J. E., «Women's preconception psychological stress and birth outcomes in a fertility clinic: The EARTH study», *Frontiers in Global Women's Health*, n.º 5, 2024, 1293255, <https://doi.org/10.3389/fgwh.2024.1293255>.

Movalled, K., Sani, A., Nikniaz, L., y Ghojazadeh, M., «The impact of sound stimulations during pregnancy on fetal learning: A systematic review», *BMC Pediatrics*, n.º 23, 2023, p. 183 <https://doi.org/10.1186/s12887-023-039907>.

Stephenson, J., Heslehurst, N., Hall, J., Schoenaker, D. A. J. M., Hutchinson, J., Cade, J. E., y Poston, L., «Before the beginning: Nutrition and lifestyle in the preconception period and its importance for future health», *The Lancet*, vol. 391, n.º 10132, 2018, pp. 1830-1841 <https://doi.org/10.1016/S0140-6736(18)30311-8>.

U.S. Preventive Services Task Force, «Folic acid supplementation to prevent neural tube defects: US Preventive Services Task Force recommendation statement», *JAMA*, vol. 330, n.º 9, 2023, pp. 852-859, <https://doi.org/10.1001/jama.2023.12876>.

Zhao, F., Hong, X., Wang, W., Wu, J., y Wang, B., «Effects of physical activity and sleep duration on fertility: A systematic review and meta-analysis based on prospective cohort studies», *Frontiers in Public Health*, n.º 10, 2022, 1029469, <https://doi.org/10.3389/fpubh.2022.1029469>.

2. Nacer para volver a adaptarse

DeCasper, A. J., y Fifer, W. P., «Of human bonding: Newborns prefer their mothers' voices», *Science*, vol. 208, n.º 4448, 1980, pp. 1174-1176, <https://doi.org/10.1126/science.7375928>.

Hooper, S. B., Te Pas, A. B., Lang, J., Van Vonderen, J. J., Roehr, C. C., Kluckow, M., Gill, A. W., Wallace, E. M., y Polglase, G. R., «Cardiovascular transition at birth: A physiological sequence», *Pediatric Research*, vol. 77, n.º 5, 2015, pp. 608-614, <https://doi.org/10.1038/pr.2015.21>.

Jaafar, S. H., Ho, J. J., y Lee, K. S., «Rooming-in for new mother and infant versus separate care for increasing the duration of breastfeeding», *Cochrane Database of Systematic Reviews*, n.º 8, 2016, CD006641, doi: 10.1002/14651858.CD006641.pub3.

Morreale de Escobar, G., Obregón, M. J, y Escobar del Rey, F., «Maternal thyroid hormones early in pregnancy and fetal brain development», *Best Practice & Research Clini-*

cal Endocrinology & Metabolism, vol. 18, 2, 2004, pp. 225-248, <https://doi.org/10.1016/j.beem.2004.03.012>.

Moore, E. R., Brimdyr, K., Blair, A., Jonas, W., Lilliesköld, S., Svensson, K., Ahmed, A. H., Bastarache, L. R., Crenshaw, J. T., Giugliani, E. R. J., Grady, J. E., Zakarija-Grkovic, I., Haider, R., Hill, R. R., Kagawa, M. N., Mbalinda, S. N., Stevens, J., Takahashi, Y., y Cadwell, K., «Immediate or early skin-to-skin contact for mothers and their healthy newborn infants», *Cochrane Database of Systematic Reviews*, n.º 10, 2025, CD003519, DOI: 10.1002/14651858.CD003519.pub5.

Obregón, M. J., Mallol J., Pastor R., Morreale de Escobar, G., Escobar del Rey, F., «L-Thyroxine and 3,5,3'-TRII000-L-Thyronine in Rat Embryos before onset of Fetal Thyroid Function», *Endocrinology*, vol. 114, n.º 1, 1984, pp. 305-307, <https://doi.org/10.1210/endo-114-1-305>.

Perez, B. P., Magda D., y Mendez, M. D., «Routine Newborn Care», en *StatPearls*, Treasure Island (FL), StatPearls Publishing, 2023, <https://www.ncbi.nlm.nih.gov/books/NBK539900/?7>.

Shrimpton, R., «Early initiation of breastfeeding», *e-Library of Evidence for Nutrition Actions (eLENA)*, 2017, <https://www.who.int/tools/elena/commentary/early-breastfeeding?>.

Uvnäs-Moberg, K., «The physiology and pharmacology of oxytocin in labor and in the peripartum period», *American Journal of Obstetrics & Gynecology*, vol. 230, n.º 3S, 2024, pp. S740-S758, <https://doi.org/10.1016/j.ajog.2023.04.011>.

Varendi, H., Porter, R. H., y Winberg, J., «Attractiveness of amniotic fluid odor: Evidence of prenatal olfactory learning?», *Acta Paediatrica*, vol. 85, n.º 10, 1996, pp. 1223-1227, <https://doi.org/10.1111/j.1651-2227.1996.tb18233.x>.

Widström, A. M., Brimdyr, K., Svensson, K., Cadwell, K., y Nissen, E., «Skin-to-skin contact the first hour after birth, underlying implications and clinical practice», *Acta Paediatrica*, vol. 108, n.º 7, 2019, pp. 1192-1204, <https://doi.org/10.1111/apa.14754>.

3. Ventanas que se abren. Oportunidades de aprendizaje

Bakermans-Kranenburg, M. J., van Ijzendoorn, M. H., y Juffer, F., «Less is more: Meta-analyses of sensitivity and attachment interventions in early childhood», *Psychological Bulletin*, vol. 129, n.º 2, 2003, pp. 195215, <https://doi.org/10.1037/0033-2909.129.2.195>.

—, «Earlier is better: A meta-analysis of 70 years of intervention improving cognitive development in institutionalized children», *Monographs of the Society for Research in Child Development*, vol. 73, n.º 3, 2008, pp. 279-293, <https://doi.org/10.1111/j.1540-5834.2008.00498.x>.

Greenough, W. T., Black, J. E., y Wallace, C. S., «Experience and Brain Development», *Child Development*, vol. 58, n.º 3, 1987, p. 539, <https://doi.org/10.2307/1130197>.

Hubel, D. H., y Wiesel, T. N., «Receptive fields, binocular interaction and functional architecture in the cat's visual cortex», *The Journal of Physiology*, vol. 160, n.º 1, 1962, pp. 106-154, <https://doi.org/10.1113/jphysiol.1962.sp006837>.

Huttenlocher, P. R., y Dabholkar, A. S., «Regional differences in synaptogenesis in human cerebral cortex», *The Journal of Comparative Neurology*, vol. 387, n.º 2, 1997, pp. 167-178, <https://pubmed.ncbi.nlm.nih.gov/9336221/>.

Knudsen, E. I., «Sensitive Periods in the Development of the Brain and Behavior», *Journal of Cognitive Neuroscience*, vol. 16, n.º 8, 2004, pp. 1412-1425, <https://doi.org/10.1162/0898929042304796>.

Kuhl, P. K., Tsao, F.-M., y Liu, H.-M., «Foreign-language experience in infancy: Effects of short-term exposure and social interaction on phonetic learning», *Proceedings of the National Academy of Sciences*, vol. 100, n.º 15, 2003, pp. 9096-9101, <https://doi.org/10.1073/pnas.1532872100>.

Nelson, C. A., III, Zeanah, C. H., Fox, N. A., Marshall, P. J., Smyke, A. T., y Guthrie, D., «Cognitive Recovery in Socially Deprived Young Children: The Bucharest Early Intervention Project», *Science*, vol. 318, n.º 5858, 2007, pp. 1937-1940, <https://doi.org/10.1126/science.1143921>.

Tau, G. Z., y Peterson, B. S., «Normal development of brain circuits», *Neuropsychopharmacology: Official Publication of the American College of Neuropsychopharmacology*, vol. 35, n.º 1, 2010, pp. 147-168, <https://doi.org/10.1038/npp.2009.115>.

Thompson, R. A., y Nelson, C. A., «Developmental science and the media: Early brain development», *American Psychologist*, vol. 56, n.º 1, 2001, pp. 5-15, <https://doi.org/10.1037/0003-066x.56.1.5>.

4. En los brazos maternos, su nuevo mundo

Abraham, E., Hendler, T., Shapira-Lichter, I., Kanat-Maymon, Y., Zagoory-Sharon, O., y Feldman, R., «Father's brain is sensitive to childcare experiences», *PNAS,* vol. 111, n.º 27, 2014, pp. 9792-9979, <www.pnas.org/cgi/doi/10.1073/pnas.1402569111>.

Adolph, K. E., y Hoch, J. E., «Motor Development: Embodied, Embedded, Enculturated, and Enabling», *Annual Review of Psychology*, vol. 70, n.º 1, 2019, pp. 141-164, <https://doi.org/10.1146/annurev-psych-010418-102836>.

Allison, O., Kelsey, C., y Grossmann, T., «Social Smiling and Laughter Are Linked to Enhanced Functional Brain Connectivity in Young Infants' Default Mode Network», *Developmental Psychobiology*, vol. 67, n.º 5, 2025, e70088, <https://doi.org/10.1002/dev.70088>.

Carnevali, L., Gui, A., Jones, E. J. H., y Farroni, T., «Face Processing in Early Development: A Systematic Review of Behavioral Studies», *Frontiers in Psychology,* n.º 13, 2022, 778247, <https://doi.org/10.3389/fpsyg.2022.778247>.

Center on the Developing Child at Harvard University, «Brain architecture», s. f., <https://developingchild.harvard.edu/key-concept/brain-architecture/>.

Chaput, J.-P., Gray, C. E., Poitras, V. J., Carson, V., Gruber, R., Birken, C. S., MacLean, J. E., Aubert, S., Sampson, M., y Tremblay, M. S., «Systematic review of the relationships between sleep duration and health indicators in the early years (0–4 years)», *BMC Public Health*, vol. 17, n.º S5, 2017, <https://doi.org/10.1186/s12889-017-4850-2>.

Cooijmans, K. H. M., Beijers, R., y de Weerth, C.. «Daily Skin-to-Skin Contact and Crying and Sleeping in Healthy Full-Term Infants: A Randomized Controlled Trial», *Developmental Psychology*, vol. 28, n.º 9, 2022, pp. 1629-1638, <https://doi.org/10.1037/dev0001392>.

Dusing, S. C., «Postural variability and sensorimotor development in infancy», *Developmental Medicine & Child Neurology*, vol. 58, n.º S4, 2016, pp. 17-21, <https://doi.org/10.1111/dmcn.13045>.

Gajewska, E., Sobieska, M., Kaczmarek, E., Suwalska, A., y Steinborn, B., «Achieving Motor Development Milestones at the Age of Three Months May Determine, but Does Not Guarantee, Proper Further Development», *The Scientific World Journal,* n.º 1, 2013, <https://doi.org/10.1155/2013/354218>.

Gandotra, A., Csaba, S., Sattar, Y., Cserényi, V., Bizonics, R., Cserjesi, R., y Kotyuk, E., «A Meta-analysis of the Relationship between Motor Skills and Executive Functions in Typically-developing Children», *Journal of Cognition and Development*, vol. 23, n.º 1, 2022, pp. 83-110, <https://doi.org/10.1080/15248372.2021.1979554>.

Golle, J., Lisibach, S., Mast, F. W., y Lobmaier, J. S., «Sweet Puppies and Cute Babies: Perceptual Adaptation to Babyfacedness Transfers across Species», *PLoS ONE,* vol. 8, n.º 3, 2013, e58248, <https://doi.org/10.1371/journal.pone.0058248>.

Hauck, A. G. V, van der Vaart, M., Adams, E., Baxter, L., Bhatt, A., Crankshaw, D., Dhami, A., Evans Fry, R., Freire, M. B. O, Hartley, C., Mansfield, R. C., Marchant, S., Monk, V., Moultrie, F., Peck, M., Robinson, S., Yong, J., Poorun, R., Cobo, M. M., y Slater, R., «Effect of parental touch on relieving acute procedural pain in neonates and parental anxiety (Petal): A multicentre, randomised controlled trial in the UK», *The Lancet Child & Adolescent Health,* vol. 8, n.º 4, 2024, pp. 259-269, <https://doi.org/10.1016/S2352-4642(23)00340-1>.

Hauck, F. R., Omojokun, O. O., Siadaty, M. S., «Do pacifiers reduce the risk of sudden infant death syndrome? A meta-analysis», *Pediatrics,* n.º 116, 2005, pp. 716-723, DOI: 10.1542/peds.2004-2631, <http://www.pediatrics.org/cgi/content/full/116/5/e716>.

Hewitt, L., Kerr, E., Stanley, R. M., y Okely, A. D., «Tummy Time and Infant Health Outcomes: A Systematic Review», *Pediatrics,* vol. 145, n.º 6, 2020, <https://doi.org/10.1542/peds.2019-2168>.

Horta, B. L., Loret de Mola, C., y Victora, C. G., «Breastfeeding and intelligence: a systematic review and meta-analysis», *Acta Paediatrica,* vol. 104, n.º S467, 2015, pp. 14-19, <https://doi.org/10.1111/apa.13139>.

Jaafar, S. H., Ho, J. J., Jahanfar, S., y Angolkar, M., «Effect of restricted pacifier use in breastfeeding term infants for increasing duration of breastfeeding», *Cochrane Database of Systematic Reviews,* n.º 8, 2016, CD007202, DOI: 10.1002/14651858.CD007202.pub4.

Jones, L., Verriotis, M., Cooper, R. J., Laudiano-Dray, M. P., Rupawala, M., Meek, J., Fabrizi, L., y Fitzgerald, M., «Widespread nociceptive maps in the human neonatal somatosensory cortex», *bioRxiv,* 2021, 454164, <https://doi.org/10.1101/2021.07.29.454164>.

Koziol, L. F., Budding, D. E., y Chidekel, D., «From Movement to Thought: Executive Function, Embodied Cognition, and the Cerebellum», *The Cerebellum,* vol. 11, n.º 2,

2011, pp. 505-525, <https://doi.org/10.1007/s12311-011-0321-y>.

Kujala, T., Partanen, E., Virtala, P., Winkler, I., «Prerequisites of language acquisition in the newborn brain», *Trends in Neurosciences,* vol. 46, n. º 9, 2023, pp. 726-737, <https://doi.org/10.1016/j.tins.2023.05.011>.

Kulikova, S., Hertz-Pannier, L., Dehaene-Lambertz, G., Buzmakov, A., Poupon, C., y Dubois, J., «Multi-parametric evaluation of white matter maturation», *Brain Structure and Function,* vol. 220, n.º 2, 2015, pp. 1065-1083, <https://doi.org/10.1007/s00429-014-0881-y>.

Lew, A. R., y Butterworth, G., «The development of hand-mouth coordination in 2- to 5-month-old infants: Similarities with reaching and grasping», *Infant Behavior and Development,* vol. 20, n.º 1, 1997, pp. 59-69, <https://doi.org/10.1016/s0163-6383(97)90061-8>.

Libertus, K., y Hauf, P., «Editorial: Motor Skills and Their Foundational Role for Perceptual, Social, and Cognitive Development», *Frontiers in Psychology*, n.º 8, 2017, <https://doi.org/10.3389/fpsyg.2017.00301>.

Libertus, K., y Needham, A., «Reaching experience increases face preference in 3-month-old infants», *Developmental Science*, vol. 14, n.º 6, 2011, pp. 1355-1364, <https://doi.org/10.1111/j.1467-7687.2011.01084.x>.

Mindell, J. A., y Williamson, A. A., «Benefits of a bedtime routine in young children: Sleep, development, and beyond», *Sleep Medicine Reviews*, n.º 40, 2018, pp. 93-108 <https://doi.org/10.1016/j.smrv.2017.10.007>.

Ouyang, M., Dubois, J., Yu, Q., Mukherjee, P., y Huang, H., «Delineation of early brain development from fetuses to infants with diffusion MRI and beyond», *NeuroImage*, n.º 185, 2019, pp. 836-850, <https://doi.org/10.1016/j.neuroimage.2018.04.017>.

Paul, I. M., Savage, J. S., Anzman-Frasca, S., Marini, M. E., Beiler, J. S., Hess, L. B., Loken, E., y Birch, L. L., «Effect of a Responsive Parenting Educational Intervention on Childhood Weight Outcomes at 3 Years of Age», *JAMA*, vol. 320, n.º 5, 2018, p. 461, <https://doi.org/10.1001/jama.2018.9432>.

Peres, K. G., Cascaes, A. M., Nascimento, G. G., y Victora, C. G., «Effect of breastfeeding on malocclusions: a systematic review and meta-analysis», *Acta Paediatrica*, vol. 104, n.º S467, 2015, pp. 54-61, <https://doi.org/10.1111/apa.13103>.

Peyton, C., Schreiber, M. D., y Msall, M. E., «The Test of Infant Motor Performance at 3 months predicts language, cognitive, and motor outcomes in infants born preterm at 2 years of age», *Developmental Medicine & Child Neurology*, vol. 60, n.º 12, 2018, pp. 1239-1243, <https://doi.org/10.1111/dmcn.13736>.

Piek, J. P., Dawson, L., Smith, L. M., y Gasson, N., «The role of early fine and gross motor development on later motor and cognitive ability», *Human Movement Science*, vol. 27, n.º 5, 2008, pp. 668-681, <https://doi.org/10.1016/j.humov.2007.11.002>.

Piotrowski, T., Makaruk, H., Tekień, E., Feleszko, W., Kołodziej, M., Albrecht, K., Grela, K., Makuch, R., Werner, B., y Gąsior, J. S., «Fundamental Movement/Motor Skills as an Important Component of Physical Literacy and Bridge to Physical Activity. A Scoping Review», *Children*, vol. 12, n.º 10, 2025, p. 1406, <https://doi.org/10.3390/children12101406>.

Rutter, M., Beckett, C., Castle, J., Colvert, E., Kreppner, J., Mehta, M., Stevens, S., y Sonuga-Barke, E., «Effects of profound early institutional deprivation: An overview of findings from a UK longitudinal study of Romanian adoptees», *Monographs of the Society for Research in Child Development*, vol. 72, n.º 3, 2007, pp. 1-296, <http://www.tandfonline.com/doi/full/10.1080/17405620701401846>.

Ruvolo, P., Messinger, D., y Movellan, J., «Infants Time Their Smiles to Make Their Moms Smile», *PLoS ONE*, vol. 10, n.º 9, 2015, e0136492, <https://doi.org/10.1371/journal.pone.0136492>.

Sakalidis, V. S., Williams, T. M., Garbin, C. P., Hepworth, A. R., Hartmann, P. E., Paech, M. J., y Geddes, D. T., «Ultrasound Imaging of Infant Sucking Dynamics during the Establishment of Lactation», *Journal of Human Lactation*, vol. 29, n.º 2, 2012, pp. 205-213, <https://doi.org/10.1177/0890334412452933>.

Salimbene de Adam, *Cronica*, vol. I, ed. de G. Scalia, Bari, Laterza, 1966, pp. 355-356, <https://archive.org/details/salimbene-de-adam.-cronica.-vol.-1-ocr-1966/page/509/mode/2up>.

Scharf, R. J., Scharf, G. J., y Stroustrup, A., «Developmental Milestones», *Pediatrics In Review*, vol. 37, n.º 1, 2016, pp. 25-38, <https://doi.org/10.1542/pir.2014-0103>.

Servin-Barthet, C., Martínez-García, M., Paternina-Die, M., Marcos-Vidal, L., Martín de Blas, D., Soler, A., Khymenets, O., Bergé, D., Casals, G., Prats, P., Pozo, O. J., Pretus, C., Carmona, S., y Vilarroya, O., «Pregnancy entails a U-shaped trajectory in human brain structure linked to hormones and maternal attachment», *Nature Communi-*

cations, n.º 16, 2025, p. 730, <https://doi.org/10.1038/s41467-025-55830-0>.

Sheridan, M. A., Fox, N. A., Zeanah, C. H., McLaughlin, K. A., y Nelson, C. A., «Variation in neural development as a result of exposure to institutionalization early in childhood», *Proceedings of the National Academy of Sciences*, vol. 109, n.º 32, 2012, pp. 12927-12932, <https://doi.org/10.1073/pnas.1200041109>.

Sorjonen K., Nilsonne G., Ingre M., y Melin B., «Breastfeeding, cognitive ability, and residual confounding: A comment on studies by Pereyra-Elìas et al.», *PLoS ONE*, vol. 19, n.º 3, 2024, e0297216, <https://doi.org/10.1371/journal.pone.0297216>.

Stoodley, C. J., y Schmahmann, J. D., «Evidence for topographic organization in the cerebellum of motor control versus cognitive and affective processing». *Cortex*, vol. 46, n.º 7, 2010, pp. 831-844, <https://doi.org/10.1016/j.cortex.2009.11.008>.

Thelen, E., y Spencer, J. P., «Postural Control During Reaching in Young Infants: A Dynamic Systems Approach», *Neuroscience & Biobehavioral Reviews*, vol. 22, n.º 4, 1998, pp. 507-514, <https://doi.org/10.1016/s0149-7634(97)00037-7>.

5. Pensar en movimiento

Adolph, K. E., y Franchak, J. M., «The development of motor behavior», *Wiley Interdisciplinary Reviews WIREs Cognitive Science*, vol. 8, n.º 1-2, 2016, <https://doi.org/10.1002/wcs.1430>.

An, R., y Libertus, K., «Parental Perspectives and Infant Motor Development. An Integrated Ecological Model», *Children,* vol. 12, n.º 6, 2025, p. 724, <https://doi.org/10.3390/children12060724>.

Babik, I., Galloway, J. C., y Lobo, M. A., «Early exploration of one's own body, exploration of objects, and motor, language, and cognitive development relate dynamically across the first two years of life», *Developmental Psychology,* vol. 58, n.º 2, 2022, pp. 222-237, <https://psycnet.apa.org/doi/10.1037/dev0001289>.

Baillargeon, R., Spelke, E. S., y Wasserman, S., «Object permanence in five-month-old infants», *Cognition,* vol. 20, n.º 3, 1985, pp. 191-208, <https://doi.org/10.1016/0010-0277(85)90008-3>.

Bowler, A., Arichi, T., Austerberry, C., Fearon, P., y Ronald, A., «A systematic review and meta-analysis of the associations between motor milestone timing and motor development in neurodevelopmental conditions», *Neuroscience and Biobehavioral Reviews*, n.º 167, 2024, 105825, <https://doi.org/10.1016/j.neubiorev.2024.105825>.

Brooker, R. J., Buss, K. A., Lemery, Chalfant, K., Aksan, N., Davidson, R. J., y Goldsmith, H. H., «The development of stranger fear in infancy and toddlerhood: normative development, individual differences, antecedents, and outcomes», *Developmental Science*, vol. 16, n.º 6, 2013, pp. 864-878, <https://doi.org/10.1111/desc.12058>.

Bruchhage, M. M. K., Ngo, G.-C., Schneider, N., D›Sa, V., y Deoni, S. C. L., «Functional connectivity correlates ofinfant and early childhood cognitive development», *Brain Structure and Function*, vol. 225, n.º 2, 2020, pp. 669-681, <https://doi.org/10.1007/s00429-020-02027-4>.

Capelli, E., Grumi, S., Vercellino, L., y Provenzi, L., «Joint attention and exogenous attention allocation during mother–infant interaction at 12 months associate with 24-month vocabulary composition», *Frontiers in Psychology*, n.º 16, 2025, 1516587, <https://doi.org/10.3389/fpsyg.2025.1516587>.

Dewolf, A. H., Sylos-Labini, F., Cappellini, G., Lacquaniti, F., y Ivanenko, Y., «Emergence of different gaits in infancy: Relationship between developing neural circuitries and changing biomechanics», *Frontiers in Bioengineering and Biotechnology*, n.º 8, 2020, p. 473, <https://doi.org/10.3389/fbioe.2020.00473>.

Duysens, J., Clarac, F., y Cruse, H., «Load-Regulating Mechanisms in Gait and Posture: Comparative Aspects», *Physiological Reviews,* vol. 80, n.º 1, 2000, pp. 83-133, <https://doi.org/10.1152/physrev.2000.80.1.83>.

Galloway, J. C. (Cole), «In Memoriam: Esther Thelen, May 20, 1941-December 29, 2004», *Developmental Psychobiology,* vol. 47, n.º 2, 2005, pp. 103-<107, https://doi.org/10.1002/dev.20084>.

Geng, X., Gouttard, S., Sharma, A., Gu, H., Styner, M., Lin, W., Gerig, G., y Gilmore, J. H., «Quantitative tract-based white matter development from birth to age 2 years», *NeuroImage,* vol. 61, n.º 3, 2012, pp. 542-557, <https://doi.org/10.1016/j.neuroimage.2012.03.057>.

Gilmore, J. H., Lin, W., Corouge, I., Vetsa, Y. S. K., Smith, J. K., Kang, C., Gu, H., Hamer, R. M., Lieberman, J. A., y Gerig, G., «Early Postnatal Development of Corpus Callosum and Corticospinal White Matter Assessed with Quantitative Tractography», *American Journal of Neuroradiology*, vol. 28, n.º 9, 2007,

pp. 1789-1795, <https://doi.org/10.3174/ajnr.a0751>.
Giusti, L., Provenzi, L., y Montirosso, R., «The Face-to-Face Still-Face (FFSF) Paradigm in Clinical Settings: Socio-Emotional Regulation Assessment and Parental Support With Infants With Neurodevelopmental Disabilities», *Frontiers in Psychology*, n.º 9, 2018, <https://doi.org/10.3389/fpsyg.2018.00789>.
Hospodar, C. M., y Adolph, K. E., «The development of gait and mobility: Form and function in infant locomotion», *Wiley Interdisciplinary Reviews: Cognitive Science*, vol. 15, n.º 4, 2024, e1677, <https://doi.org/10.1002/wcs.1677>.
Kretch, K. S., Marcinowski, E. C., Hsu, L. Y., Koziol, N. A., Harbourne, R. T., Lobo, M. A., y Dusing, S. C., «Opportunities for learning and social interaction in infant sitting. Effects of sitting support, sitting skill, and gross motor delay», *Developmental Science*, vol. 26, n.º 3, 2023, e13318, <https://doi.org/10.1111/desc.13318>.
Lebel, C., y Deoni, S., «The development of brain white matter microstructure», *NeuroImage*, n.º 182, 2018, pp. 207-218, <https://doi.org/10.1016/j.neuroimage.2017.12.097>.
Libertus, K., Landa, R. J., y Haworth, J. L., «Development of Attention to Faces during the First 3 Years: Influences of Stimulus Type», *Frontiers in Psychology*, n.º 8, 2017, < https://doi.org/10.3389/fpsyg.2017.01976>.
Maruyama, S., Dineva, E., Spencer, J. P., y Schöner, G., «Change occurs when body meets environment: A review of the embodied nature of development», *Japanese Psychological Research*, vol. 56, n.º 4, 2014, pp. 385-401, <https://doi.org/10.1111/jpr.12065>.
Moore, M. K., y Meltzoff, A. N., «New findings on object permanence: A developmental difference between two ty-

pes of occlusion», *British Journal of Developmental Psychology*, vol. 17, n.º 4, 1999, pp. 623-644, <https://doi.org/10.1348/026151099165410>.

Schneider, N., Greenstreet, E., y Deoni, S. C. L., «Connecting inside out: Development of the social brain in infants and toddlers with a focus on myelination as a marker of brain maturation», *Child Development*, vol. 93, n.º 2, 2022, pp. 359-371, <https://doi.org/10.1111/cdev.13649>.

Spencer, J. P., Perone, S., y Buss, A. T., «Twenty Years and Going Strong: A Dynamic Systems Revolution in Motor and Cognitive Development», *Child Development Perspectives*, vol. 5, n.º 4, 2011, pp. 260-266, <https://doi.org/10.1111/j.1750-8606.2011.00194.x>.

Stephens, R. L., Langworthy, B. W., Short, S. J., Girault, J. B., Styner, M., y Gilmore, J. H., «White matter development from birth to 6 years of age: A longitudinal study», *Cerebral Cortex*, vol. 30, n.º 12, 2020, pp. 6152-6168, <https://doi.org/10.1093/cercor/bhaa170>.

Thelen, E., y Fisher, D. M., «Newborn stepping: An explanation for a "disappearing" reflex», *Developmental Psychology*, vol. 18, n.º 5, 1982, pp. 760-775, <https://doi.org/10.1037/0012-1649.18.5.760>.

Thelen, E., Fisher, D. M., y Ridley-Johnson, R., «The Relationship between Physical Growth and a Newborn Reflex», *Infant Behavior and Development*, vol. 7, n.º 4, 1984, pp. 479-493, <https://doi.org/10.1016/s0163-6383(84)80007-7>.

Thelen E., Smith L. B., *A Dynamic Systems Approach to the Development of Cognition and Action*, Cambridge, MA, MIT Press, 1994.

Thelen, E., Schöner, G., Scheier, C., y Smith, L. B., «The dynamics of embodiment: A field theory of infant perseverative reaching», *Behavioral and Brain Sciences,* vol. 24, n.º 1, 2001, pp. 1-34, <https://doi.org/10.1017/s0140525x01003910>.

Tronick, E., Als, H., Adamson, L., Wise, S., y Brazelton, T. B.. «The Infant's Response to Entrapment between Contradictory Messages in Face-to-Face Interaction», *Journal of the American Academy of Child Psychiatry,* vol. 17, n.º 1, 1978, pp. 1-13, <https://doi.org/10.1016/s0002-7138(09)62273-1>.

Yang, J. F., Stephens, M. J., y Vishram, R., «Infant stepping: A method to study the sensory control of human walking», *The Journal of Physiology*, vol. 507, n.º 3, 1998, pp. 927-937, <https://doi.org/10.1111/j.1469-7793.1998.927bs.x>.

Yang, J. F., Lam, T., Pang, M. Y. C., Lamont, E., Musselman, K., y Seinen, E., «Infant stepping: A window to the behaviour of the human pattern generator for walking», *Canadian Journal of Physiology and Pharmacology,* vol. 82, n.º 8-9, 2004, pp. 662-674, <https://doi.org/10.1139/y04-070>.

Yang, J. F., Lamont, E. V., y Pang, M. Y. C., «Split-Belt Treadmill Stepping in Infants Suggests Autonomous Pattern Generators for the Left and Right Leg in Humans», *The Journal of Neuroscience,* vol. 25, n.º 29, 2005, pp. 6869-6876, <https://doi.org/10.1523/jneurosci.1765-05.2005>.

Zuccarini, M., Guarini, A., Savini, S., Faldella, G., y Sansavini, A., «Do 6-Month Motor Skills Have Cascading Effects on 12-Month Motor and Cognitive Development in Extremely Preterm and Full-Term Infants?», *Frontiers in Psychology*, n.º 11, 2020, <https://doi.org/10.3389/fpsyg.2020.01297>.

Alderson-Day, B., y Fernyhough, C., «Inner speech: Development, cognitive functions, phenomenology, and neurobiology», *Psychological Bulletin,* vol. 141, n.º 5, 2015, pp. 931-965 <https://doi.org/10.1037/bul0000021>.

Bernier, A., Carlson, S. M., y Whipple, N., «From External Regulation to Self-Regulation: Early Parenting Precursors of Young Children's Executive Functioning», *Child Development,* vol. 81, n.º 1, 2010, pp. 326-339, <https://doi.org/10.1111/j.1467-8624.2009.01397.x>.

Black, M. M., y Aboud, F. E., «Responsive Feeding Is Embedded in a Theoretical Framework of Responsive Parenting», *The Journal of Nutrition,* vol. 141, n.º 3, 2011, pp. 490-494, <https://doi.org/10.3945/jn.110.129973>.

Białek-Dratwa, A., Szymańska, A., y Grajek, M., «Neophobia A natural developmental stage or feeding difficulties for children», *Nutrients,* vol. 14, n.º 7, 2022, p. 1521, <https://doi.org/10.3390/nu14071521>.

Campos, J. J., Frankel, C. B., y Camras, L., «On the Nature of Emotion Regulation», *Child Development,* vol. 75, n.º 2, 2004, pp. 377-394, <https://doi.org/10.1111/j.1467-8624.2004.00681.x>.

Christakis, D. A., Zimmerman, F. J., DiGiuseppe, D. L., y McCarty, C. A., «Early Television Exposure and Subsequent Attentional Problems in Children», *Pediatrics,* vol. 113, n.º 4, 2004, pp. 708-713, <https://doi.org/10.1542/peds.113.4.708>.

Colonnesi, C., Stams, G. J. J. M., Koster, I., y Noom, M. J., «The relation between pointing and language development: A meta-analysis», *Developmental Review,* vol. 30, n.º 4, 2010, pp. 352-366, <https://doi.org/10.1016/j.dr.2010.10.001>.

Cox, C., Bergmann, C., Fowler, E., Keren-Portnoy, T., Roepstorff, A., Bryant, G., y Fusaroli, R., «A systematic review and Bayesian meta-analysis of the acoustic features of infant-directed speech», *Nature Human Behaviour*, n.º 7, 2023, pp. 114-133, <https://doi.org/10.1038/s41562-022-01452-1>.

Cuevas, K., Deater, Deckard, K., Kim, Spoon, J., Wang, Z., Morasch, K. C., y Bell, M. A., «A longitudinal intergenerational analysis of executive functions during early childhood», *British Journal of Developmental Psychology*, vol. 32, n.º 1, 2013, pp. 50-64, <https://doi.org/10.1111/bjdp.12021>.

De Carvalho, A., Crimon, C., Barrault, A., Trueswell, J., y Christophe, A., «“Look! It is not a bamoule!”: 18-and 24-month-olds can use negative sentences to constrain their interpretation of novel word meanings», *Developmental Science*, vol. 24, n.º 4. 2021, <https://doi.org/10.1111/desc.13085>.

Feiman, R., Mody, S., Sanborn, S., y Carey, S., «What Do You Mean, No? Toddlers’ Comprehension of Logical “No” and “Not”», *Language Learning and Development*, vol. 13, n.º 4, 2017, pp. 430-450, <https://doi.org/10.1080/15475441.2017.1317253>.

Fernald, A., «Four-Month-Old Infants Prefer to Listen to Motherese», *Infant Behavior and Development*, vol. 8, n.º 2, 1985, pp. 181-195, <https://doi.org/10.1016/s0163-6383(85)80005-9>.

—, y Kuhl, P., «Acoustic determinants of infant preference for motherese speech», *Infant Behavior and Development*, vol. 10, n.º 3, 1987, pp. 279-293, <https://doi.org/10.1016/0163-6383(87)90017-8>.

Fernyhough, C., y Fradley, E., «Private speech on an executive task: Relations with task difficulty and task performance», *Cognitive Development*, vol. 20, n.º 1, 2005, pp. 103-120, <https://doi.org/10.1016/j.cogdev.2004.11.002>.

Flavell, J. H., «Perspectives on perspective taking», *Child Development*, vol. 63, n.º 1, 1992, pp. 1-5, <https://doi.org/10.2307/1130902>.

Friederici, A. D., «The brain basis of language processing: From structure to function», *Physiological Reviews*, vol. 91, n.º 4, 2011, pp. 1357-1392, <https://doi.org/10.1152/physrev.00006.2011>.

Gilkerson, J., Richards, J. A., Warren, S. F., Montgomery, J. K., Greenwood, C. R., Kimbrough Oller, D., Hansen, J. H. L., y Paul, T. D., «Mapping the Early Language Environment Using All-Day Recordings and Automated Analysis», *American Journal of Speech-Language Pathology*, vol. 26, n.º 2, 2017, pp. 248-265, <https://doi.org/10.1044/2016_ajslp-15-0169>.

Goldfield, B. A., y Reznick, J. S., «Measuring the vocabulary spurt: A reply to Mervis & Bertrand», *Journal of Child Language*, vol. 23, n.º 1, 1996, pp. 241-246, <https://doi.org/10.1017/s0305000900010175>.

Grossmann, T., Oberecker, R., Koch, S. P., y Friederici, A. D., «The Developmental Origins of Voice Processing in the Human Brain», *Neuron*, vol. 65, n.º 6, 2010, pp. 852-858, <https://doi.org/10.1016/j.neuron.2010.03.001>.

Hart, B., y Risley, T. R., *Meaningful Differences in the Everyday Experience of Young American Children*, Baltimore, MD, Paul H. Brookes Publishing, 1995.

Hickok, G., y Poeppel, D., «The cortical organization of speech processing», *Nature Reviews Neuroscience,* vol. 8, n.º 5, 2007, pp. 393-402, <https://doi.org/10.1038/nrn 2113>.

Killion, K. E., Corcoran, A., Romo-Palafox, M. J., Harris, J. L., Kagan, I., Gilbert, L., y Duffy, V. B., «Responsive feeding practices to promote healthy diets A mixed method study among low-income caregivers with toddlers», *Nutrients,* vol. 16, n.º 6, 2024, p. 863, <https://doi.org/10.3390/nu16060863>.

Kopp, C. B., «Antecedents of self-regulation: A developmental perspective», *Developmental Psychology,* vol. 18, n.º 2, 1982, pp. 199-214, <https://doi.org/10.1037/0012-1649.18.2.199>.

Kuhl, P. K., «Early language acquisition: Cracking the speech code», *Nature Reviews Neuroscience,* vol. 5, n.º 11, 2004, pp. 831-843, <https://doi.org/10.1038/nrn1533>.

Madigan, S., McArthur, B. A., Anhorn, C., Eirich, R., y Christakis, D. A., «Associations Between Screen Use and Child Language Skills», *JAMA Pediatrics,* vol. 174, n.º 7, 2020, p. 665, <https://doi.org/10.1001/jamapediatrics.2020.0 327>.

Meltzoff, A. N., «Understanding the intentions of others», *Developmental Psychology,*vol. 31, n.º 5, 1995, pp. 838-850, <https://doi.org/10.1037/0012-1649.31.5.838>.

—, y Moore, M. K., «Imitation of facial and manual gestures by human neonates», *Science,* vol. 198, n.º 4312, 1977, pp. 75-78, <https://doi.org/10.1126/science.198.4312.75>.

Mindell, J. A., Leichman, E. S., DuMond, C., y Sadeh, A., «Sleep and Social-Emotional Development in Infants and Toddlers», *Journal of Clinical Child & Adolescent Psycho-*

logy, vol. 46, n.º 2, 2016, pp. 236-246, <https://doi.org/10.1080/15374416.2016.1188701>.

Nicklaus, S., «Children's acceptance of new foods at weaning. Role of practices of weaning and of food sensory properties», *Appetite*, vol. 57, n.º 3, 2011, pp. 812-815, <https://doi.org/10.1016/j.appet.2011.05.321>.

Nordmeyer, A. E., y Frank, M. C., «The role of context in young children's comprehension of negation», *Journal of Memory and Language*, n.º 77, 2014, pp. 25-39, <https://doi.org/10.1016/j.jml.2014.08.00>.

Romeo, R. R., Leonard, J. A., Robinson, S. T., West, M. R., Mackey, A. P., Rowe, M. L., y Gabrieli, J. D. E., «Beyond the 30-Million-Word Gap: Children's Conversational Exposure Is Associated With Language-Related Brain Function», *Psychological Science*, vol. 29, n.º 5, 2018, pp. 700-710, <https://doi.org/10.1177/0956797617742725>.

Romeo, R. R., Segaran, J., Leonard, J. A., Robinson, S. T., West, M. R., Mackey, A. P., Yendiki, A., Rowe, M. L., y Gabrieli, J. D. E., «Language Exposure Relates to Structural Neural Connectivity in Childhood», *The Journal of Neuroscience*, vol. 38, n.º 36, 2018, pp. 7870-7877, <https://doi.org/10.1523/jneurosci.0484-18.2018>.

Sadeh, A., Tikotzky, L., y Scher, A., «Parenting and infant sleep», *Sleep Medicine Reviews*, vol. 14, n.º 2, 2010, pp. 89-96, <https://doi.org/10.1016/j.smrv.2009.05.003>.

Skeide, M. A., y Friederici, A. D., «The ontogeny of the cortical language network», *Nature Reviews Neuroscience*, vol. 17, n.º 5, 2016, pp. 323-332, <https://doi.org/10.1038/nrn.2016.23>.

Spinelli, M., Fasolo, M., y Mesman, J., «Does prosody make the difference? A meta-analysis on relations between pro-

sodic aspects of infant-directed speech and infant outcomes», *Developmental Review*, n.º 44, 2017, pp. 1-18, <https://doi.org/10.1016/j.dr.2016.12.001>.
Strouse, G. A., Troseth, G. L., O'Doherty, K. D., y Saylor, M. M., «Co-viewing supports toddlers' word learning from contingent and noncontingent video», *Journal of Experimental Child Psychology*, n.º 166, 2018, pp. 310-326, <https://doi.org/10.1016/j.jecp.2017.09.005>.
Swingley, D., «Contributions of infant word learning to language development», *Philosophical Transactions of the Royal Society B: Biological Sciences*, vol. 364, n.º 1536, 2009, pp. 3617-3632, <https://doi.org/10.1098/rstb.2009.0107>.
Tomopoulos, S., Dreyer, B. P., Berkule, S., Fierman, A. H., Brockmeyer, C., y Mendelsohn, A. L., «Infant Media Exposure and Toddler Development», *Archives of Pediatrics & Adolescent Medicine*, vol. 164, n.º 12, 2010, <https://doi.org/10.1001/archpediatrics.2010.235>.
Vygotsky, L. S., *Mind in Society: The Development of Higher Psychological Processes*, Harvard University Press, 1978.
Wellman, H. M., Cross, D., y Watson, J., «Meta-analysis of theory-of-mind development», *Child Development*, vol. 72, n.º 3, 2001, pp. 655-684, <https://doi.org/10.1111/1467-8624.00304>.

7. Del pedir al anticipar

Alderson-Day, B., y Fernyhough, C., «Inner speech: Development, cognitive functions, phenomenology, and neurobiology», *Psychological Bulletin*, vol. 141, n.º 5, 2015, pp. 931-965, <https://doi.org/10.1037/bul0000021>.

Bates, E., «Language and the infant brain», *Journal of Communication Disorders,* vol. 32, n.º 4, 1999, pp. 195-205, <https://doi.org/10.1016/s0021-9924(99)00015-5>.

Birch, L. L., McPheee, L., Shoba, B. C., Steinberg, L., y Krehbiel, R., «"Clean up your plate": Effects of child feeding practices on the conditioning of meal size», *Learning and Motivation,* vol. 18, n.º 3, 1987, pp. 301-317, <https://doi.org/10.1016/0023-9690(87)90017-8>.

Bloom, P., «Précis of How Children Learn the Meanings of Words», *Behavioral and Brain Sciences,* vol. 24, n.º 6, 2001, pp. 1095-1103, <https://doi.org/10.1017/s0140525x01000139>.

Blum, N. J., Taubman, B., y Nemeth, N., «Relationship Between Age at Initiation of Toilet Training and Duration of Training: A Prospective Study», *Pediatrics,* vol. 111, n.º 4, 2003, pp. 810-814 <https://doi.org/10.1542/peds.111.4.810>.

Brownell, C. A., Ramani, G. B., y Zerwas, S., «Becoming a social partner with peers: Cooperation and social understanding in one- and two-year-old», *Child Development,* vol. 77, n.º 4, 2006, pp. 803-821, <https://doi.org/10.1111/j.1467-8624.2006.00904.x>.

Catmur, C., Cross, E. S., y Over, H., «Understanding self and others: From origins to disorders», *Philosophical Transactions of the Royal Society B: Biological Sciences,* vol. 371, n.º 1686, 2016, 20150066, <https://doi.org/10.1098/rstb.2015.0066>.

Devos, T., y Banaji, M. R., «Implicit Self and Identity», *Annals of the New York Academy of Sciences,* vol. 1001, n.º 1, 2003, pp. 177-211, <https://doi.org/10.1196/annals.1279.009>.

Diamond, A., «Close Interrelation of Motor Development and Cognitive Development and of the Cerebellum and Prefrontal Cortex», *Child Development,* vol. 71, n.º 1, 2000, pp. 44-56, <https://doi.org/10.1111/1467-8624.00117>.

DiSantis, K. I., Hodges, E. A., Johnson, S. L., y Fisher, J. O., «The role of responsive feeding in overweight during infancy and toddlerhood: Asystematic review», *International Journal of Obesity,* vol. 35, n.º 4, 2011, pp. 480-492, <https://doi.org/10.1038/ijo.2011.3>.

Feldman, H. M., «How Young Children Learn Language and Speech», *Pediatrics In Review,* vol. 40, n.º 8, 2019, pp. 398-411, <https://doi.org/10.1542/pir.2017-0325>.

Fernald, A., Perfors, A., y Marchman, V. A., «Picking up speed in understanding: Speech processing efficiency and vocabulary growth across the 2nd year», *Developmental Psychology*, vol. 42, n.º 1, 2006, pp. 98-116, <https://doi.org/10.1037/0012-1649.42.1.98>.

Fernyhough, C., y Russell, J., «Distinguishing One's Own Voice from Those of Others: A Function for Private Speech?», *International Journal of Behavioral Development,* vol. 20, n.º 4, 1997, pp. 651-665, <https://doi.org/10.1080/016502597385108>.

Hirsh-Pasek, K., y Golinkoff, R. M., *The Origins of Grammar: Evidence from Early Language Comprehension*, MIT Press, 1996, <https://doi.org/10.7551/mitpress/5144.001.0001>.

Hoff, E., «How social contexts support and shape language development», *Developmental Review,* vol. 26, n.º 1, 2006, pp. 55-88, <https://doi.org/10.1016/j.dr.2005.11.002>.

Iverson, J. M., «Developing language in a developing body:

The relationship between motor development and language development», *Journal of Child Language,* vol. 37, n.º 2, 2010, pp. 229-261, <https://doi:10.1017/S0305000909990432>.
Johnson, S. L., «Improving Preschoolers' Self-Regulation of Energy Intake», *Pediatrics,* vol. 106, n.º 6, 2000, pp. 1429-1435, <https://doi.org/10.1542/peds.106.6.1429>.
Kiddoo, D. A., «Toilet training children: When to start and how to train», *Canadian Medical Association Journal,* vol. 184, n.º 5, 2011, p. 511, <https://doi.org/10.1503/cmaj.110830>.
Kuhl, P. K., «Brain Mechanisms in Early Language Acquisition», *Neuron,* vol. 67, n.º 5, 2010, pp. 713-727, <https://doi.org/10.1016/j.neuron.2010.08.038>.
Marchman, V. A., y Fernald, A., «Speed of word recognition and vocabulary knowledge in infancy predict cognitive and language outcomes in later childhood», *Developmental Science,* vol. 11, n.º 3. 2008, <https://doi.org/10.1111/j.1467-7687.2008.00671.x>.
Mindell, J. A., Kuhn, B., Lewin, D. S., Meltzer, L. J., Sadeh, A., y Owens, J. A., «Behavioral Treatment of Bedtime Problems and Night Wakings in Infants and Young Children» *Sleep,* vol. 29, n.º 10, 2006, pp. 1263-1276, <https://doi.org/10.1093/sleep/29.10.1263>.
Mindell, J. A., Telofski, L. S., Wiegand, B., y Kurtz, E. S., «A Nightly Bedtime Routine: Impact on Sleep in Young Children and Maternal Mood», *Sleep,* vol. 32, n.º 5, 2009, pp. 599-606, <https://doi.org/10.1093/sleep/32.5.599>.
Mindell, J. A., Li, A. M., Sadeh, A., Kwon, R., y Goh, D. Y. T., «Bedtime Routines for Young Children: A Dose-Dependent Association with Sleep Outcomes», *Sleep,* vol. 38,

n.º 5, 2015, pp. 717-722, <https://doi.org/10.5665/sleep.4662>.

Morgan, L., Delehanty, A., Cleary Dillon, J., Schatschneider, C., y Wetherby, A. M., «Measures of early social communication and vocabulary production to predict language outcomes at two and three years in late-talking toddlers», *Early Childhood Research Quarterly*, n.º 51, 2020, pp. 366-378, <https://doi.org/10.1016/j.ecresq.2019.12.005>.

Nelson, K., «Self and social functions: Individual autobiographical memory and collective narrative», *Memory*, vol. 11, n.º 2, 2003, pp. 125-136, <https://doi.org/10.1080/741938203>.

Pulvermüller, F., «How neurons make meaning: brain mechanisms for embodied and abstract-symbolic semantics», *Trends in Cognitive Sciences*, vol. 17, n.º 9, 2013, pp. 458-470, <https://doi.org/10.1016/j.tics.2013.06.004>.

Rochat, P., «Five levels of self-awareness as they unfold early in life», *Consciousness and Cognition*, vol. 12, n.º 4, 2003, pp. 717-731, <https://doi.org/10.1016/s1053-8100(03)00081-3>.

Rowe, M. L., «A Longitudinal Investigation of the Role of Quantity and Quality of Child Directed Speech in Vocabulary Development», *Child Development*, vol. 83, n.º 5, 2012, pp. 1762-1774, <https://doi.org/10.1111/j.1467-8624.2012.01805.x>.

Tamis LeMonda, C. S., Bornstein, M. H., y Baumwell, L., «Maternal Responsiveness and Children's Achievement of Language Milestones», *Child Development*, vol. 72, n.º 3, 2001, pp. 748-767, <https://doi.org/10.1111/1467-8624.00313>.

Tomasello, M., *Origins of Human Communication*, MIT

Press, 2008, <https://doi.org/10.7551/mitpress/7551.001.0001>.

Wang, M. V., Lekhal, R., Aaro, L. E., Holte, A., y Schjolberg, S., «The developmental relationship between language and motor performance from 3 to 5 years of age: A prospective longitudinal population study», *BMC Psychology,* vol. 2, n.º 1, 2014, <https://doi.org/10.1186/s40359-014-0034-3>.

Weisleder, A., y Fernald, A., «Talking to Children Matters», *Psychological Science,* vol. 24, n.º 11, 2013, pp. 2143-2152, <https://doi.org/10.1177/0956797613488145>.

8. La mente del otro

Aldrich, N. J., Chen, J., y Alfieri, L., «Evaluating associations between parental mind-mindedness and children's developmental capacities through meta-analysis», *Developmental Review,* n.º 60, 2021, 100946, <https://doi.org/10.1016/j.dr.2021.100946>.

Astington, J. W., y Jenkins, J. M., «A longitudinal study of the relation between language and theory-of-mind development», *Developmental Psychology,* vol. 35, n.º 5, 1999, pp. 1311-1320, <https://doi.org/10.1037/0012-1649.35.5.1311>.

Brushe, M. E., Haag, D. G., Melhuish, E. C., Reilly, S., y Gregory, T., «Screen Time and Parent-Child Talk When Children Are Aged 12 to 36 Months», *JAMA Pediatrics,* vol. 178, n.º 4, 2024, pp. 369-375, DOI 10.1001/jamapediatrics.2023.6790.

Chevalier, N., Kurth, S., Doucette, M. R., Wiseheart, M.,

Deoni, S. C. L., Dean, D. C., III, *et al.*, «Myelination is associated with processing speed in early childhood: Preliminary insights», *PLOS ONE,* vol. 10, n.º 10, 2015, e0139897, <https://doi.org/10.1371/journal.pone.0139897>.

Devine, R. T., y Hughes, C., «Family Correlates of False Belief Understanding in Early Childhood: A Meta-Analysis», *Child Development,* vol. 89, n.º 3, 2016, pp. 971-987, <https://doi.org/10.1111/cdev.12682>.

Flack, Z. M., Field, A. P., y Horst, J. S., «The effects of shared storybook reading on word learning: A meta-analysis», *Developmental Psychology*, vol. 54, n.º 7, 2018, pp. 1334-1346, <https://doi.org/10.1037/dev0000512>.

Jenkins, J. M., Turrell, S. L., Kogushi, Y., Lollis, S., y Ross, H. S., «A Longitudinal Investigation of the Dynamics of Mental State Talk in Families», *Child Development,* vol. 74, n.º 3, 2003, pp. 905-920 <https://doi.org/10.1111/1467-8624.00575>.

Lenhart, J., y Richter, T., «Media exposure and preschoolers' social-cognitive development», *The British Journal of Developmental Psychology*, vol. 42, n.º 2, 2024, pp. 234-256, <https://doi.org/10.1111/bjdp.12478>.

Noble, C., Sala, G., Peter, M., Lingwood, J., Rowland, C., Gobet, F., y Pine, J., «The impact of shared book reading on children's language skills: A meta-analysis», *Educational Research Review,* n.º 28, 2019, 100290, <https://doi.org/10.1016/j.edurev.2019.100290>.

Pempek, T. A., Kirkorian, H. L., y Anderson, D. R., «The Effects of Background Television on the Quantity and Quality of Child-Directed Speech by Parents», *Journal of Children and Media,* vol. 8, n.º 3, 2014, pp. 211-

222, <https://doi.org/10.1080/17482798.2014.920715>.

Sarmento-Henrique, R., Quintanilla, L., Lucas-Molina, B., Recio, P., y Giménez-Dasí, M., «The longitudinal interplay of emotion understanding, theory of mind, and language in the preschool years», *International Journal of Behavioral Development,* vol. 44, n.º 3, 2020, pp. 236-245, <https://doi.org/10.1177/0165025419866907>.

Scionti, N., Cavallero, M., Zogmaister, C., y Marzocchi, G. M., «Is cognitive training effective for improving executive functions in preschoolers? A systematic review and meta-analysis», *Frontiers in Psychology,* n.º 10, 2020, 2812, <https://doi.org/10.3389/fpsyg.2019.02812>.

Simon, P., y Nader-Grosbois, N., «Empathy and theory of mind development at preschool age», *European Journal of Developmental Psychology,* vol. 22, n.º 4, 2025, pp. 433-455, <https://doi.org/10.1080/17405629.2025.2467033>.

Tompkins, V., Benigno, J. P., Kiger Lee, B., y Wright, B. M., «The relation between parents' mental state talk and children's social understanding: A meta-analysis», *Social Development,* vol. 27, n.º 2, 2018, pp. 223-246, <https://doi.org/10.1111/sode.12280>.

Wellman, H. M., Cross, D., y Watson, J., «Meta-analysis of theory-of-mind development: The truth about false belief», *Child Development,* vol. 72, n.º 3, 2001, pp. 655-684, <https://doi.org/10.1111/1467-8624.00304>.

Zinsser, K. M., Gordon, R. A., y Jiang, X., «Parents' socialization of preschool-aged children's emotion skills: A meta-analysis using an emotion-focused parenting practices framework», *Early Childhood Research Quarterly,* n.º 55, 2021, pp. 377-390, <https://doi.org/10.1016/j.ecresq.2021.02.001>.

Assaiante, C., Mallau, S., Viel, S., Jover, M., y Schmitz, C., «Development of Postural Control in Healthy Children: A Functional Approach». *Neural Plasticity,* vol. 12, n.º 2-3, 2005, pp. 109-118, <https://doi.org/10.1155/np.2005.109>.

Bao, R., Wade, L., Leahy, A. A., Owen, K. B., Hillman, C. H., Jaakkola, T., y Lubans, D. R., «Associations Between Motor Competence and Executive Functions in Children and Adolescents: A Systematic Review and Meta-analysis», *Sports Medicine,* vol. 54, n.º 8, 2024, pp. 2141-2156, <https://doi.org/10.1007/s40279-024-02040-1>.

Carlson, S. M., White, R. E., y Davis-Unger, A. C., «Evidence for a relation between executive function and pretense representation in preschool children», *Cognitive Development,* n.º 29, 2014, pp. 1-16, <https://doi.org/10.1016/j.cogdev.2013.09.001>.

Colliver, Y., Harrison, L. J., Brown, J. E., y Humburg, P., «Free play predicts self-regulation years later: Longitudinal evidence from a large Australian sample of toddlers and preschoolers», *Early Childhood Research Quarterly,* n.º 59, 2022, pp. 148-161, <https://doi.org/10.1016/j.ecresq.2021.11.011>.

Dickinson, D. K., y Porche, M. V., «Relation Between Language Experiences in Preschool Classrooms and Children's Kindergarten and Fourth-Grade Language and Reading Abilities», *Child Development,* vol. 82, n.º 3, 2011, pp. 870-886, <https://doi.org/10.1111/j.1467-8624.2011.01576.x>.

Gibson, J. L., Cornell, M., y Gill, T., «A Systematic Review of Research into the Impact of Loose Parts Play on Children's Cognitive, Social and Emotional Development», *School Mental Health,* vol. 9, n.º 4, 2017, pp. 295-309, <https://doi.org/10.1007/s12310-017-9220-9>.

Hofmann, S. G., Doan, S. N., Sprung, M., Wilson, A., Ebesutani, C., Andrews, L. A., Curtiss, J., y Harris, P. L., «Training children's theory-of-mind: A meta-analysis of controlled studies», *Cognition,* n.º 150, 2016, pp. 200-212, <https://doi.org/10.1016/j.cognition.2016.01.006>.

Jago, L. S., Monaghan, P., Alcock, K., y Cain, K., «The effect of preschool vocabulary and grammar on early reading comprehension and word reading: A systematic review and meta-analysis», *Educational Research Review,* n.º 47, 2025, 100680, <https://doi.org/10.1016/j.edurev.2025.100680>.

Li, Y., Wu, X., Ye, D., Zuo, J., y Liu, L., «Research progress on the relationship between fine motor skills and academic ability in children: A systematic review and meta-analysis», *Frontiers in Sports and Active Living,* n.º 6, 2025, 1386967, <https://doi.org/10.3389/fspor.2024.1386967>.

Lillard, A. S., Lerner, M. D., Hopkins, E. J., Dore, R. A., Smith, E. D., y Palmquist, C. M., «The impact of pretend play on children's development: A review of the evidence», *Psychological Bulletin,* vol. 139, n.º 1, 2013, pp. 1-34, <https://doi.org/10.1037/a0029321>.

Marulis, L. M., y Neuman, S. B., «The Effects of Vocabulary Intervention on Young Children's Word Learning: A Meta-Analysis», *Review of Educational Research,* vol. 80, n.º 3, 2010, pp. 300-335, <https://doi.org/10.3102/0034654310377087>.

Milligan, K., Astington, J. W., y Dack, L. A., «Language and

Theory of Mind: Meta-Analysis of the Relation Between Language Ability and False-belief Understanding», *Child Development*, vol. 78, n.º 2, 2007, pp. 622-646, <https://doi.org/10.1111/j.1467-8624.2007.01018.x>.

Skene, K., O'Farrelly, C. M., Byrne, E. M., Kirby, N., Stevens, E. C., y Ramchandani, P. G., «Can guidance during play enhance children's learning and development in educational contexts? A systematic review and meta-analysis», *Child Development*, vol. 93, n.º 4, 2022, pp. 1162-1180, <https://doi.org/10.1111/cdev.13730>.

Slot, P. L., Mulder, H., Verhagen, J., y Leseman, P. P. M., «Preschoolers' cognitive and emotional self-regulation in pretend play: Relations with executive functions and quality of play», *Infant and Child Development*, vol. 26, n.º 6, 2017, <https://doi.org/10.1002/icd.2038>.

Smits-van der Nat, M., van der Wilt, F., Meeter, M., y van der Veen, C., «The Value of Pretend Play for Social Competence in Early Childhood: A Meta-analysis», *Educational Psychology Review*, n.º 36, 2024, p. 46, <https://doi.org/10.1007/s10648-024-09884-z>.

Suggate, S. P., Karle, V. L., Kipfelsberger, T., y Stoeger, H., «Keep the hands in mind: A meta-analysis of correlations between fine motor skills and reading, writing, mathematics, and cognitive development in children and adolescents», *Educational Research Review*, n.º 49, 2025, 100748, <https://doi.org/10.1016/j.edurev.2025.100748>.

Thibodeau, R. B., Gilpin, A. T., Brown, M. M., y Meyer, B. A., «The effects of fantastical pretend-play on the development of executive functions: An intervention study», *Journal of Experimental Child Psychology*, n.º 145, 2016, pp. 120-138, <https://doi.org/10.1016/j.jecp.2016.01.001>.

White, R. E., Thibodeau-Nielsen, R. B., Palermo, F., y Mikulski, A. M., «Engagement in social pretend play predicts preschoolers' executive function gains across the school year», *Early Childhood Research Quarterly*, n.º 56, 2021, pp. 103-113, <https://doi.org/10.1016/j.ecresq.2021.03.005>.

10. Educar en la curiosidad

Bureau, J. S., Howard, J. L., Chong, J. X. Y., y Guay, F., «Pathways to student motivation: A meta-analysis of antecedents of autonomous and controlled motivations», *Review of Educational Research*, vol. 92, n.º 1, 2022, pp. 46-72, <https://doi.org/10.3102/00346543211042426>.

Gruber, M. J., Gelman, B. D., y Ranganath, C., «States of curiosity modulate hippocampus-dependent learning via the dopaminergic circuit», *Neuron*, vol. 84, n.º 2, 2014, pp. 486-496, <https://doi.org/10.1016/j.neuron.2014.08.060>.

Hamre, B. K., y Pianta, R. C., «Early Teacher–Child Relationships and the Trajectory of Children's School Outcomes through Eighth Grade», *Child Development,* vol. 72, n.º 2, 2001, pp. 625-638, <https://doi.org/10.1111/1467-8624.00301>.

Kang, M. J., Hsu, M., Krajbich, I. M., Loewenstein, G., McClure, S. M., Wang, J. T., y Camerer, C. F., «The Wick in the Candle of Learning», *Psychological Science*, vol. 20, n.º 8, 2009, pp. 963-973, <https://doi.org/10.1111/j.1467-9280.2009.02402.x>.

Kidd, C., y Hayden, B. Y., «The Psychology and Neuroscience of Curiosity», *Neuron*, vol. 88, n.º 3, 2015, pp. 449-460, <https://doi.org/10.1016/j.neuron.2015.09.010>.

Landry, S. H., Smith, K. E., Swank, P. R., y Guttentag, C., «A responsive parenting intervention: The optimal timing across early childhood for impacting maternal behaviors and child outcomes», *Developmental Psychology*, vol. 44, n.º 5, 2008, pp. 1335-1353, <https://doi.org/10.1037/a001 3030>.

Lledó, E., *El origen del diálogo y de la ética*, Madrid, Alianza, 2011.

Mermelshtine, R., «Parent–child learning interactions: A review of the literature on scaffolding», *British Journal of Educational Psychology*, vol. 87, n.º 2, 2017, pp. 241-254, <https://doi.org/10.1111/bjep.12147>.

Metcalfe, J., «Learning from Errors», *Annual Review of Psychology*, vol. 68, n.º 1, 2017, pp. 465-489, <https://doi.org/10.1146/annurev-psych-010416-044022>.

Milligan, K., Astington, J. W., y Dack, L. A., «Language and Theory of Mind: Meta-Analysis of the Relation Between Language Ability and False-Belief Understanding», *Child Development*, vol. 78, n.º 2, 2007, pp. 622-646, <https://doi.org/10.1111/j.1467-8624.2007.01018.x>.

Modirshanechi, A., Kondrakiewicz, K., Gerstner, W., y Haesler, S., «Curiosity-driven exploration: Foundations in neuroscience and computational modeling», *Trends in Neurosciences*, vol. 46, n.º 12, 2023, pp. 1054-1066, <https://doi.org/10.1016/j.tins.2023.10.002>.

Moser, J. S., Schroder, H. S., Heeter, C., Moran, T. P., y Lee, Y.-H., «Mind Your Errors», *Psychological Science*, vol. 22, n.º 12, 2011, pp. 1484-1489, <https://doi.org/10.1177/0956 797611419520>.

Perlman, M., Falenchuk, O., Fletcher, B., McMullen, E., Beyene, J., y Shah, P. S., «A Systematic Review and Meta-Analysis of a Measure of Staff/Child Interaction Quality (the Classroom Assessment Scoring System) in Early Childhood Education and Care Settings and Child Outcomes», *PLOS ONE,* vol. 11, n.º 12, 2016, e0167660, <https://doi.org/10.1371/journal.pone.0167660>.

Pino-Pasternak, D., y Whitebread, D., «The role of parenting in children's self-regulated learning», *Educational Research Review,* vol. 5, n.º 3, 2010, pp. 220-242, <https://doi.org/10.1016/j.edurev.2010.07.001>.

Schulting, A. B., Malone, P. S., y Dodge, K. A., «The Effect of School-Based Kindergarten Transition Policies and Practices on Child Academic Outcomes», *Developmental Psychology,* vol. 41, n.º 6, 2005, pp. 860-871, <https://doi.org/10.1037/0012-1649.41.6.860>.

Schultz, W., «Dopamine reward prediction error coding», *Dialogues in Clinical Neuroscience,* vol. 18, n.º 1, 2016, pp. 23-32, <https://doi.org/10.31887/DCNS.2016.18.1/wschultz>.

Schutte, N. S., y Malouff, J. M., «A meta-analytic investigation of the impact of curiosity-enhancing interventions», *Current Psychology,* vol. 42, n.º 24, 2022, pp. 20374-20384, <https://doi.org/10.1007/s12144-022-03107-w>.

Shah, P. E., Weeks, H. M., Richards, B., y Kaciroti, N., «Early childhood curiosity and kindergarten reading and math academic achievement», *Pediatric Research,* vol. 84, n.º 3, 2018, pp. 380-386, <https://doi.org/10.1038/s41390-018-0039-3>.

Smith, P. K., y StGeorge, J. M., «Play fighting (rough-and-tumble play) in children: Developmental and evolutionary perspectives», *International Journal of Play*, vol. 12, n.º 1, 2023, pp. 113-126, <https://doi.org/10.1080/21594937.2022.2152185>.

Smits-van der Nat, M., van der Wilt, F., Meeter, M., y van der Veen, C., «The Value of Pretend Play for Social Competence in Early Childhood: A Meta-analysis», *Educational Psychology Review*, vol. 36, n.º 46, 2024, <https://doi.org/10.1007/s10648-024-09884-z>.

Su, Y.-L., y Reeve, J., «A Meta-analysis of the Effectiveness of Intervention Programs Designed to Support Autonomy», *Educational Psychology Review*, vol. 23, n.º 1, 2010, pp. 159-188, <https://doi.org/10.1007/s10648-010-9142-7>.

Tang, X., y Salmela-Aro, K., «The prospective role of epistemic curiosity in national standardized test performance», *Learning and Individual Differences*, n.º 88, 2021, 102008, <https://doi.org/10.1016/j.lindif.2021.102008>.

Vasquez, A. C., Patall, E. A., Fong, C. J., Corrigan, A. S., y Pine, L., «Parent Autonomy Support, Academic Achievement, and Psychosocial Functioning: A Meta-analysis of Research», *Educational Psychology Review*, vol. 28, n.º 3, 2015, pp. 605-644, <https://doi.org/10.1007/s10648-015-9329-z>.

Watabe-Uchida, M., Eshel, N., y Uchida, N., «Neural Circuitry of Reward Prediction Error», *Annual Review of Neuroscience*, vol. 40, n.º 1, 2017, pp. 373-394, <https://doi.org/10.1146/annurev-neuro-072116-031109>.

El hilo conductor del neurodesarrollo: criar con amor y disciplina

Cyr, C., Euser, E. M., Bakermans-Kranenburg, M. J., y Van Ijzendoorn, M. H., «Attachment security and disorganization in maltreating and high-risk families: A series of meta-analyses», *Development and Psychopathology,* vol. 22, n.º 1, 2010, pp. 87-108, <https://doi.org/10.1017/s0954579409990289>.

De Wolff, M. S., y van Ijzendoorn, M. H., «Sensitivity and Attachment: A Meta-Analysis on Parental Antecedents of Infant Attachment», *Child Development,* vol. 68, n.º 4, 1997, pp. 571-591, <https://doi.org/10.1111/j.1467-8624.1997.tb04218.x>.

Fearon, R. P., Bakermans, Kranenburg, M. J., Van Ijzendoorn, M. H., Lapsley, A., y Roisman, G. I., «The Significance of Insecure Attachment and Disorganization in the Development of Children's Externalizing Behavior: A Meta-Analytic Study, *Child Development,* vol. 81, n.º 2, 2010, pp. 435-456, <https://doi.org/10.1111/j.1467-8624.2009.01405.x>.

Gardner, F., Leijten, P., Harris, V., Mann, J., Hutchings, J., Beecham, J., Bonin, E.-M., Berry, V., McGilloway, S., Gaspar, M., João Seabra-Santos, M., Orobio de Castro, B., Menting, A., Williams, M., Axberg, U., Morch, W.-T., Scott, S., y Landau, S., «Equity effects of parenting interventions for child conduct problems: A pan-European individual participant data meta-analysis», *The Lancet Psychiatry,* vol. 6, n.º 6, 2019, pp. 518-527, <https://doi.org/10.1016/s2215-0366(19)30162-2>.

Gershoff, E. T., y Grogan-Kaylor, A., «Spanking and child outcomes: Old controversies and new meta-analyses»,

Journal of Family Psychology, vol. 30, n.º 4, 2016, pp. 453-469, <https://doi.org/10.1037/fam0000191>.

Gunnar, M., y Quevedo, K., «The Neurobiology of Stress and Development», *Annual Review of Psychology,* vol. 58, n.º 1, 2007, pp. 145-173, <https://doi.org/10.1146/annurev.psych.58.110405.085605>.

Gunnar, M. R., y Hostinar, C. E., «The social buffering of the hypothalamic–pituitary–adrenocortical axis in humans: Developmental and experiential determinants», *Social Neuroscience,* vol. 10, n.º 5, 2015, pp. 479-488, <https://doi.org/10.1080/17470919.2015.1070747>.

Hostinar, C. E., Sullivan, R. M., y Gunnar, M. R., «Psychobiological mechanisms underlying the social buffering of the hypothalamic–pituitary–adrenocortical axis: A review of animal models and human studies across development», *Psychological Bulletin,* vol. 140, n.º 1, 2014, pp. 256-282, <https://doi.org/10.1037/a0032671>.

Lundahl, B., Risser, H., y Lovejoy, M., «A meta-analysis of parent training: Moderators and follow-up effects», *Clinical Psychology Review,* vol. 26, n.º 1, 2006, pp. 86-104, <https://doi.org/10.1016/j.cpr.2005.07.004>.

Martins, R. C., Blumenberg, C., Tovo-Rodrigues, L., Gonzalez, A., y Murray, J., «Effects of parenting interventions on child and caregiver cortisol levels: Systematic review and meta-analysis», *BMC Psychiatry,* vol. 20, n.º 1, 2020, <https://doi.org/10.1186/s12888-020-02777-9>.

McLaughlin, K. A., Sheridan, M. A., y Lambert, H. K., «Childhood adversity and neural development: Deprivation and threat as distinct dimensions of early experience», *Neuroscience & Biobehavioral Reviews,* n.º 47, 2014, pp. 578-591, <https://doi.org/10.1016/j.neubiorev.2014.10.012>.

Mingebach, T., Kamp-Becker, I., Christiansen, H., y Weber, L., «Meta-meta-analysis on the effectiveness of parent-based interventions for the treatment of child externalizing behavior problems», *PLOS ONE,* vol. 13, n.º 9, 2018, e0202855, <https://doi.org/10.1371/journal.pone.0202855>.

O'Neill, M. C., Badovinac, S., Pillai Riddell, R., Bureau, J.-F., Rumeo, C., y Costa, S., «Caregiver sensitivity and preschool attachment: Systematic review and meta-analysis», *PLOS ONE*, n.º 16, 2021, <https://doi.org/10.1371/journal.pone.0245061>.

Shonkoff, J. P., Garner, A. S., Siegel, B. S., Dobbins, M. I., Earls, M. F., Garner, A. S., McGuinn, L., Pascoe, J., y Wood, D. L., «The Lifelong Effects of Early Childhood Adversity and Toxic Stress», *Pediatrics,* vol. 129, n.º 1, 2012, pp. e232-e246, <https://doi.org/10.1542/peds.2011-2663>.

Sroufe, L. A., «Attachment and development: A prospective, longitudinal study from birth to adulthood», *Attachment & Human Development,* vol. 7, n.º 4, 2005, pp. 349-367, <https://doi.org/10.1080/14616730500365928>.

Thompson, R. A., *Early Attachment and Later Development: Familiar Questions, New Answers,* J. Cassidy y P. R. Shaver, eds., *Handbook of Attachment* (2.ª ed.), Guilford Press, 2016.

van Ijzendoorn, M. H., Schuengel, C., Wang, Q., y Bakermans-Kranenburg, M. J., «Video-feedback Intervention to promote Positive Parenting and Sensitive Discipline (VIPP-SD): Meta-analysis of the first 25 RCTs», *Development and Psychopathology,* n.º 35, 2022, <https://doi.org/10.1017/S0954579421001462>.